Administração, sistemas e ambientes

SÉRIE TEORIAS DA ADMINISTRAÇÃO

DIALÓGICA

Administração, sistemas e ambientes

Luiz Gustavo Alves de Lara

Flavia Fryszman

Rua Clara Vendramin, 38 ▪ Mossunguê
CEP 81200-170 ▪ Curitiba ▪ PR ▪ Brasil ▪ Fone: (41) 2106-4170
www.intersaberes.com
editora@editoraintersaberes.com.br

CONSELHO EDITORIAL
Dr. Ivo José Both (presidente)
Dr.ª Elena Godoy
Dr. Neri dos Santos
Dr. Ulf Gregor Baranow

EDITORA-CHEFE
Lindsay Azambuja

SUPERVISORA EDITORIAL
Ariadne Nunes Wenger

ANALISTA EDITORIAL
Ariel Martins

PREPARAÇÃO DE ORIGINAIS
Gilberto Girardello Filho

EDIÇÃO DE TEXTO
Palavra do Editor
Natasha Saboredo

CAPA
Luana Machado Amaro (*design*)
ktsdesign/Shutterstock (imagem)

PROJETO GRÁFICO
Laís Galvão dos Santos

DIAGRAMAÇÃO
Jakline Dall Pozzo dos Santos

EQUIPE DE *DESIGN*
Luana Machado Amaro
Sílvio Gabriel Spannenberg

ICONOGRAFIA
Regina Claudia Cruz Prestes
Celia Kikue Suzuki

Dados Internacionais de Catalogação na Publicação (CIP)
(Câmara Brasileira do Livro, SP, Brasil)

Lara, Luiz Gustavo Alves de
  Administração, sistemas e ambientes/Luiz Gustavo
Alves de Lara, Flavia Fryszman. Curitiba: InterSaberes,
2019. (Série Teorias da Administração)

  Bibliografia.
  ISBN 978-85-5972-960-3

  1. Administração 2. Análise de sistemas 3. Teoria
dos sistemas I. Fryszman, Flavia. II. Título. III. Série.

19-23316   CDD-658.4032

Índice para catálogo sistemático:
I. Teoria dos sistemas: Administração 658.4032

Cibele Maria Dias – Bibliotecária – CRB-8/9427

1ª edição, 2019.
Foi feito o depósito legal.
Informamos que é de inteira
responsabilidade dos autores
a emissão de conceitos.
Nenhuma parte desta publicação poderá ser reproduzida por
qualquer meio ou forma sem
a prévia autorização da
Editora InterSaberes.
A violação dos direitos autorais
é crime estabelecido na Lei
n. 9.610/1998 e punido pelo
art. 184 do Código Penal.

Sumário

APRESENTAÇÃO, 11

COMO APROVEITAR AO MÁXIMO ESTE LIVRO, 14

1. Introdução à teoria geral dos sistemas, 17

1.1 Introdução, 19

1.2 Sobre a história da teoria dos sistemas, 20

1.3 Abordagem sistêmica: uma quebra de paradigmas, 22

1.4 Fundamentos da teoria geral dos sistemas, 27

1.5 Hierarquia dos sistemas: uma proposta analítica, 33

1.6 Sistemas fechados e sistemas abertos, 38

2. Organizações como sistemas fechados, 51

2.1 Introdução, 53

2.2 Características dos sistemas fechados, 54

2.3 A metáfora da máquina, 60

2.4 Organizações como sistemas fechados: a Escola Clássica, 61

2.5 Burocracia: a maquinaria racional
das organizações, 70

2.6 Limitações para a compreensão das organizações
como sistemas fechados, 76

3. Organizações como sistemas abertos, 89

3.1 Introdução, 91

3.2 Considerações gerais acerca dos sistemas
abertos, 93

3.3 A metáfora das organizações como
organismos vivos, 95

3.4 Características dos sistemas abertos, 101

3.5 Contribuições dos sistemas abertos para o campo
da administração, 110

**4. Teorias das organizações sob o enfoque
sistêmico, 123**

4.1 Introdução, 125

4.2 A evolução das teorias das organizações, 127

4.3 Abordagem sistêmica da teoria da contingência
estrutural, 132

4.4 Abordagem da ecologia populacional, 139

4.5 Sistemas sociotécnicos, 144

5. Sistemas como ferramentas gerenciais, 161

5.1 Introdução, 163

5.2 A importância do olhar sistêmico na gestão, 164

5.3 Enfoque sistêmico na gestão de processos
administrativos, 166

5.4 Enfoque sistêmico na gestão da qualidade, 168

5.5 Enfoque sistêmico na gestão da produção, 172

6. Visão sistêmica em estratégia empresarial, 193

  6.1 Introdução, 195

  6.2 Origens do pensamento estratégico, 196

  6.3 Planejar, agir ou interpretar?, 199

  6.4 Estratégia e ambiente: um olhar sistêmico, 202

  6.5 Estratégia e sistemas racionais, 204

  6.6 Estratégias emergentes: mudanças e adaptações, 210

  6.7 Sistemas interpretativos, 222

PARA CONCLUIR..., 233

REFERÊNCIAS, 235

RESPOSTAS, 247

SOBRE OS AUTORES, 269

Prefácio

Muitos assuntos da área de administração são considerados centrais na base de conhecimentos próprios ao campo. A perspectiva sistêmica é, certamente, um desses temas. Todavia, nem sempre essa abordagem é tratada pela literatura especializada de forma direta. Na verdade, a questão toca tangencialmente certas teorias, modelos, análises e mesmo algumas ferramentas gerenciais.

Isso posto, a grande contribuição da obra de Lara e Fryszman é justamente a de ter como foco principal a visão sistêmica da administração, tratando-a diretamente como um objeto de reflexão. Nesse sentido, este é um livro original e com grande potencial de contribuição na formação teórica de gestores e outros profissionais ligados a esse campo.

A preocupação dos autores é enfocar o tema dos sistemas tendo como pano de fundo três estratégias argumentativas: primeiramente, constitui-se a reflexão sobre a dimensão histórica, com o objetivo de retratar o contexto de emergência e desenvolvimento do pensamento sistêmico na área; em segundo lugar, destaca-se a atenção em delimitar os conceito-chave dessa abordagem, bem como sua correspondente implicação para o pensamento teórico da gestão; finalmente, há uma nítida preocupação com a aplicação prática do pensamento sistêmico, especificamente na apreciação de algumas ferramentas e modelagens muito utilizadas nos dias atuais.

Assim, tenho certeza de que, além de agradável e instigante, a leitura do texto será extremamente interessante ao leitor atento às transformações pelas quais passam as organizações e a sociedade em geral no turbulento tempo presente.

Fabio Vizeu

Doutor em Administração de Empresas pela Escola de Administração de Empresas de São Paulo (FGV EAESP)

Professor do Programa de Mestrado e Doutorado em Administração da Universidade Positivo (UP)

Apresentação

O grande desafio de escrever uma obra sobre a abordagem sistêmica consiste em retratar nela própria a abordagem que se propõe a apresentar. Assim, este livro foi escrito com o próprio enfoque sistêmico ao qual nos referimos conceitualmente ao longo dos capítulos. Seria contraditório se os temas aqui propostos fossem apresentados de forma cartesiana, pois essa é uma abordagem desconstruída pela visão sistêmica na ciência. Para não incorrermos nesse erro, travamos diálogos interdisciplinares com o campo de origem de cada conceito.

Nesse sentido, recorremos a obras seminais da teoria geral dos sistemas (TGS) e de estudos organizacionais. Com base nesses textos, articulamos diálogos com alguns comentadores consagrados no campo. Acreditamos que talvez a maior contribuição desta obra seja permitir ao leitor ter contato com referenciais teóricos que deram origem a várias abordagens na administração. Apresentamos esses textos de forma didática e contextualizada, possibilitando, assim, uma melhor apreensão de seus complexos fundamentos, por meio de uma linguagem de fácil acesso.

Pelo fato de utilizarmos uma abordagem interdisciplinar, o leitor terá condições de compreender quem foram os autores seminais de cada uma das teorias contempladas, bem como quais foram os contextos sócio-históricos em que eles estavam inseridos quando propuseram suas ideias, além de entender como tais ideias se refletem nas organizações atuais. Em outras palavras, usamos a lógica sistêmica para a apresentação da própria TGS e de suas implicações no campo da administração. Por essa razão, esta obra pode ser consumida tanto por estudantes iniciantes quanto por aqueles com maior bagagem teórica, assim como por profissionais da área que queiram aprender um pouco mais sobre a influência do pensamento sistêmico nas organizações.

O livro está estruturado em seis capítulos. No Capítulo 1, abordaremos a história da TGS, os fundamentos introdutórios referentes a sistemas fechados e abertos, a hierarquia analítica dos sistemas e a forma como a TGS influenciou o campo da administração.

No Capítulo 2, mostraremos que as organizações eram vistas como sistemas fechados, conforme a perspectiva da administração clássica em geral. Evidenciaremos que essa visão representou ganhos para a época, mas também algumas limitações que atualmente podemos perceber melhor.

No Capítulo 3, destacaremos o entendimento das organizações como sistemas abertos, descrevendo as características que os tornam análogos a um organismo vivo. Assim, demonstraremos a importância dos fatores externos que impactam o funcionamento das organizações.

No Capítulo 4, mediante um recorte histórico das teorias das organizações, discutiremos a relevância da TGS na evolução dessas teorias que embasaram muitas das ferramentas de gestão usadas na atualidade.

No Capítulo 5, analisaremos algumas ferramentas gerenciais que foram desenvolvidas a partir do enfoque sistêmico, tais como sistemas administrativos, de controle de qualidade e de produção.

No Capítulo 6, abordaremos a estratégia empresarial sob o enfoque sistêmico. Retomaremos as abordagens teóricas examinadas na obra para considerar a estratégia sob diferentes enfoques.

Além de oferecermos exemplos práticos ao longo do livro, apresentaremos estudos de caso ao final dos capítulos, discutindo situações complementares. Desse modo, acreditamos que será fácil para o leitor refletir sobre os temas, uma vez que a problematização dos casos exigirá o resgate dos conceitos na sequência em que serão analisados.

Como aproveitar ao máximo este livro

Este livro traz alguns recursos que visam enriquecer seu aprendizado, facilitar a compreensão dos conteúdos e tornar a leitura mais dinâmica. São ferramentas projetadas de acordo com a natureza dos temas que vamos examinar. Veja a seguir como esses recursos se encontram distribuídos no decorrer desta obra.

Conteúdos do capítulo

Logo na abertura do capítulo, você fica conhecendo os conteúdos que nele serão abordados.

Após o estudo deste capítulo, você será capaz de:

Você também é informado a respeito das competências que irá desenvolver e dos conhecimentos que irá adquirir com o estudo do capítulo.

Estudo de caso

Esta seção traz ao seu conhecimento situações que vão aproximar os conteúdos estudados de sua prática profissional.

Para saber mais

Você pode consultar as obras indicadas nesta seção para aprofundar sua aprendizagem.

---

pensamento administrativo. As concepções de Taylor (1990), Ford (1964) e Fayol (1990) podem ser identificadas em qualquer organização à nossa volta. Nesse contexto, Weber (1999) descreveu como a burocracia rotiniza os processos administrativos, transformando a organização em uma máquina racional.

Também mostramos que os princípios da teoria clássica da administração evidenciam o pensamento mecanicista dos teóricos. Buscava-se o equilíbrio técnico e humano não só por meio da utilização de critérios científicos de seleção e treinamento, mas, acima de tudo, pela adequação do homem às máquinas. Com as ideias propostas pela administração científica, almejava-se única e exclusivamente aumentar a produtividade – mesmo que, para isso, fosse preciso colocar o homem como um mero aparato de uma estrutura maior: a máquina da organização (Morgan, 1996).

A principal limitação para o entendimento das organizações como sistemas fechados consiste em ignorar o meio em que elas se encontram e, consequentemente, ser incapaz de mensurar o impacto de fatores ambientais em seu equilíbrio interno de funcionamento.

Para saber mais

TEMPOS modernos. Direção: Charles Chaplin. EUA, 1936. 83 min.

O filme *Tempos modernos*, produzido, dirigido e interpretado por Charles Chaplin, foi lançado em fevereiro de 1936. Nessa obra, Chaplin interpreta como o homem vai sendo automatizado a ponto de ser considerado uma máquina. Além disso, é possível verificar a presença dos princípios de produção de Taylor e Ford discutidos neste capítulo.

Os sistemas fechados funcionam em estabilidade e, por isso, disfunções em seu funcionamento são facilmente perceptíveis, consequentemente, torna-se fácil corrigir o elemento causador da desordem funcional. Já os sistemas abertos são extremamente instáveis, e suas estruturas buscam a estabilidade mediante constantes ajustes a um ambiente que jamais se estabiliza por completo. Portanto, os sistemas abertos buscam a estabilidade, embora seja apenas uma tendência que rege seu funcionamento pouco previsível.

Em virtude da estabilidade, os sistemas fechados podem ser explicados por leis generalizantes; portanto, seu funcionamento é previsível por equações matemáticas. Os sistemas abertos não são tão previsíveis, pois a complexidade das interações com outros sistemas torna impossível o estabelecimento de leis que possam descrever o funcionamento de todos eles ao mesmo tempo, tendo em vista que podem apresentar naturezas distintas.

Síntese

Neste capítulo, vimos que a TGS foi elaborada pelo biólogo austríaco Ludwig von Bertalanffy. Seu pensamento confrontava a forma cartesiana de se fazer ciência. Desde a década de 1920, o autor começou a desenvolver os fundamentos daquilo que se tornou sua obra mais importante, lançada em 1968, intitulada *Teoria geral dos sistemas*. Sua teoria foi discutida em vários campos científicos, inclusive na administração, a partir da década de 1950. Um sistema é conceituado por Bertalanffy como um complexo de elementos em interação.

Síntese

Você dispõe, ao final do capítulo, de uma síntese que traz os principais conceitos nele abordados.

Questões para revisão

Com estas atividades, você tem a possibilidade de rever os principais conceitos analisados. Ao final do livro, o autor disponibiliza as respostas às questões, a fim de que você possa verificar como está sua aprendizagem.

Questões para revisão

1. Cite as contribuições das ideias de Ludwig von Bertalanffy e Kenneth Boulding para o campo da administração.

2. Identifique dois sistemas abertos com os quais você interage em seu cotidiano.

3. Marque a alternativa correta:
   a) A teoria geral dos sistemas foi proposta por Bertalanffy e tinha por objetivo melhorar o desempenho das organizações.
   b) Na teoria geral dos sistemas, Bertalanffy questionava o cartesianismo científico de sua época.
   c) Contemporaneamente, as empresas são mais bem explicadas como sistemas fechados.
   d) Os sistemas abertos não existem no mundo real, pois a maioria dos sistemas com que temos contato no dia a dia se configuram como sistemas fechados.

4. Assinale com V as assertivas verdadeiras e com F as falsas.
   ( ) Bertalanffy era um autor comprometido com a lógica produtiva das indústrias.
   ( ) A teoria geral dos sistemas foi elaborada por um biólogo, e suas contribuições foram extensivas a outros campos da ciência.
   ( ) A Escola Clássica da Administração compreendia a organização como análoga a um sistema fechado.
   ( ) Henry Ford foi pioneiro na estruturação de sua indústria, reconhecendo-a como um sistema aberto.

   Agora, marque a alternativa que apresenta a sequência correta:
   a) F, V, F, V.
   b) F, V, V, F.

1

Introdução à teoria geral dos sistemas

Conteúdos do capítulo:
- História da teoria dos sistemas.
- Fundamentos da teoria geral dos sistemas (TGS).
- Hierarquia analítica dos sistemas.
- Sistemas fechados e abertos.
- A influência da TGS nas teorias da administração.

Após o estudo deste capítulo, você será capaz de:
1. entender o contexto histórico em que Ludwig von Bertalanffy delineou a teoria geral dos sistemas;
2. compreender os fundamentos básicos da teoria geral dos sistemas;
3. diferenciar entre sistemas fechados e abertos a partir da observação do funcionamento de tais sistemas;
4. entender os potenciais e as limitações desses sistemas em relação aos resultados desejados pela organização.

1.1 Introdução

Os sistemas estão por toda parte, mas nem sempre foram compreendidos dessa forma. Até o início do século XX, a ciência era muito mais cartesiana, ou seja, abrangia o todo e se dividia em partes, considerando-se cada uma delas separadamente. Entretanto, o biólogo austríaco Ludwig von Bertalanffy subverteu esse modo de fazer ciência. Neste livro, explicaremos os fundamentos da teoria geral dos sistemas (TGS) e o modo como inspirou teóricos do campo da administração. Você notará que as abordagens contemporâneas de gestão, que são baseadas nos pressupostos da TGS, são mais robustas e nos auxiliam a compreender melhor a realidade organizacional em que estamos inseridos no dia a dia.

Bertalanffy estava incomodado com a forma cartesiana de investigação em seu campo de estudos, a biologia (Weckowicz, 1989). Para os cartesianos, a melhor forma de compreender algo era dividi-lo em partes, para que pouco a pouco o que era complexo se tornasse mais simples de ser entendido. Contudo, o biólogo estava convicto de que os organismos vivos não poderiam ser estudados em partes separadas, como se cada componente da célula fosse independente dos demais (Weckowicz, 1989). Para Bertalanffy (2010, 1950), era claro que a interação resultava em algo maior do que a soma de suas partes.

Esse modo de investigação inspirou muitos dos teóricos do campo da administração. Sob essa ótica, as organizações podem ser compreendidas como sendo análogas a organismos vivos, em que suas partes interagem sinergicamente. Nota-se que os resultados obtidos com esse método de investigação, muitas vezes, transcendem a mera soma de esforços individuais.

Nesse sentido, você notará que os sistemas estão por toda parte e que interagimos com eles o tempo todo.

1.2 Sobre a história da teoria dos sistemas

Ludwig von Bertalanffy foi pioneiro na ideia de elaborar uma teoria dos sistemas. Sua abordagem deu um novo rumo ao pensamento científico, pois evidenciou a necessidade de lidar com as situações em sua totalidade, implicando a proposta de um modelo analítico extensivo a outros campos do saber para além da biologia, especialidade do autor. Desse modo, décadas mais tarde, desde os primeiros escritos que originariam sua teoria, o pensamento de Bertalanffy revolucionou a forma como as organizações são compreendidas (Weckowicz, 1989).

No dia a dia, podemos identificar **sistemas** em toda parte, afinal, mantemos contato com várias organizações, sistemas informacionais, redes sociais etc. A difusão do termo *sistemas* normalmente é associada à area da tecnologia, como no caso das denominações *sistemas de informação, sistemas operacionais, sistemas de monitoramento,* entre outras. O primeiro fato que isso sinaliza é que as tecnologias não são mais tratadas como se fossem máquinas isoladas, como os antiquados maquinários surgidos na era industrial, e sim como objetos formados por elementos dinâmicos que interagem para o alcance de objetivos. Esses elementos podem ser humanos (sistemas sociais), materiais (máquinas), não materiais (informacionais) ou híbridos, com a combinação de mais de um deles. Por exemplo, a integração entre sujeitos e máquinas pode ser entendida a partir de um **enfoque sistêmico**, ou seja, pela identificação de uma inter-relação de elementos que apresentam objetivos em comum.

Ludwig von Bertalanffy

Nascido em 19 de setembro de 1901, em Atzgersdorf, cidade próxima de Viena, Ludwig von Bertalanffy pertenceu a uma família tradicional de funcionários públicos da Áustria Imperial. Após a formação escolar, estudou filosofia na Universidade de Innsbruck e, posteriormente, biologia na Universidade de Viena. Desde a década de 1920, produziu trabalhos que se opunham à compreensão cartesiana dos fenômenos investigados pela ciência. Além da Universidade de Viena, Bertalanffy trabalhou na Inglaterra, no Canadá e nos Estados Unidos como professor, pesquisador e diretor de instituições. Faleceu em 1972, nos Estados Unidos (Weckowicz, 1989).

Assim como um ser vivo composto por elementos celulares que interagem com outros organismos formando estruturas com o objetivo de obter cooperação, o ambiente das organizações também mantém relações de interdependência com elementos externos, tais como políticos, econômicos e sociais.

Esses elementos interagem de forma integrada com vistas a atingir objetivos. Ainda que seja um objetivo específico, ou até mesmo individual, seu alcance depende da integração entre os elementos que têm algum interesse em comum. Note que, assim como em uma célula, os componentes e elementos do ambiente das organizações devem interagir de forma integrada, e o resultado em seu todo será mais significativo do que as ações isoladas de cada um dos elementos.

Bertalanffy (2010) acreditava que o avanço tecnológico e os diversos campos de conhecimento reforçavam a inevitabilidade de uma nova direção para a ciência. O modo mecanicista como os fenômenos eram compreendidos se revelava limitado. Nesse contexto, o autor expôs seu pensamento de forma a delinear o que mais tarde viria a ser a TGS. Foi em sua principal obra, *Teoria geral dos sistemas*, que Ludwig von Bertalanffy manifestou seu posicionamento advogando a necessidade de reorientação do pensamento científico vigente em sua época.

As ideias do autor atingiram diferentes campos da ciência, tais como física, biologia molecular, psicologia, psiquiatria e ciências sociais. Na administração, seus conceitos ganharam popularidade tardiamente, após a década de 1950, quando o modelo mecanicista fordista foi superado e se passou a compreender melhor o papel do ambiente no funcionamento das organizações produtivas.

1.3 Abordagem sistêmica: uma quebra de paradigmas

Não nos resta dúvida de que a TGS marcou a ciência do século XX. Em sua obra, Bertalanffy (2010) apontou problemas complexos com os quais a ciência cartesiana tinha dificuldades de lidar. Na biologia molecular, por exemplo, o autor apontou a necessidade de um foco mais amplo, para além dos níveis físico-químicos ou moleculares. A essa amplitude ele se referiu como uma biologia organísmica. Fazendo referência ao campo da psicologia, Bertalanffy (2010) identificou o pensamento da *gestalt* como uma primeira tentativa de romper com o modelo mecanicista, fruto de uma relação estímulo-resposta que predominava em sua época. Os fenômenos sociais também passaram a ser vistos como sistemas, e isso nos importa! Os gestores públicos, por exemplo, devem ter uma visão sistêmica do cenário das cidades, para que possam tratar de problemas relevantes e traçar planos de ação.

René Descartes

René Descartes é considerado o pai da filosofia moderna. Sua forma de pensar, também conhecida como *pensamento cartesiano*, é entendida como uma das bases filosóficas para a construção da ciência como a conhecemos hoje.

O pensador, que estudou filosofia e matemática, viveu entre 1596 e 1650. Você já deve ter ouvido sua frase mais famosa: "Penso, logo existo".

Seu método é baseado na dúvida, devendo-se formular questões que levem à segmentação daquilo que está sendo investigado; observar o fenômeno em suas partes, no maior número possível, de modo a simplificá-las individualmente para uma melhor compreensão; e conduzir investigação de forma gradual, do simples para o complexo, utilizando-se a dúvida como meio para a constatação da veracidade das coisas (Descartes, 1991).

Na década de 1920, o jovem Bertalanffy percebeu uma limitação da **abordagem mecanicista**, postura adotada pelas teorias da biologia de sua época. Desde então, ele começou a delinear teoricamente o **enfoque organísmico**, buscando evidenciar a dinâmica orgânica da interação dos elementos atuantes. Esse deslocamento da visão trazia em sua essência a necessidade de um olhar mais amplo, que enxergasse o organismo biológico tal como um sistema.

A ciência moderna do início do século XX dedicava-se a encontrar as soluções para os fenômenos analisando-os de forma reducionista, a partir do isolamento de seus elementos. O pressuposto de que o organismo estaria para além do funcionamento individual de suas partes foi contestado. Eram necessários novos conceitos que permitissem uma visão da totalidade dos fenômenos que não eram explicados de forma satisfatória a partir da análise de suas partes isoladas. Para além da biologia, o olhar sistêmico de Bertalanffy (2010) passou a influenciar diversos outros campos da ciência.

Segundo o autor, um organismo se configura como um sistema aberto, pois, para sua sobrevivência, seus elementos não fazem trocas de recursos apenas internamente, mas também com o ambiente em que estão inseridos (Bertalanffy, 2010).

A TGS ganhou mais popularidade após a Segunda Guerra Mundial e, assim, passou a ocupar espaço em discussões acadêmicas de maior notoriedade. O início desses debates foi marcado por duras críticas por parte da comunidade científica. Entre elas, estava o argumento de que a transposição de conceitos da biologia para outros campos era problemática, por se tratar de fenômenos de natureza distinta. Como comparar a ordem social à ordem biológica? Tal associação foi tratada como superficial e até mesmo equivocada.

Apesar dos impedimentos colocados por aqueles que não queriam aceitar a nova abordagem, nenhum deles invalidava a proposta da teoria dos sistemas em relação àquilo que se propunha a investigar. Apesar de suas ideias terem sido relevantes desde a origem, Bertalanffy só teve o devido reconhecimento décadas mais tarde, depois dos anos de 1950, quando vários campos da ciência passaram a olhar para seus objetos de pesquisa sob a inspiração da TGS (Weckowicz, 1989).

É natural que uma teoria enfrente resistência quando questiona uma ideia já difundida e amplamente aceita em um campo de conhecimento. Mais do que uma ideia aceita, o método cartesiano ainda é elemento constitutivo da maior parte do campo científico até os dias atuais. Você pode notar com facilidade esse modo de pensar se observar pesquisas das ciências exatas, como as engenharias, a física e a matemática. Tradicionalmente, a ciência cartesiana isola as variáveis de seus contextos e mensura seu comportamento em um ambiente controlado.

A ciência mecanicista mostrava-se meramente analítica, repartindo a realidade em unidades cada vez menores que atuavam segundo a causalidade em um único sentido. Porém, esse enfoque demonstrou-se fragilizado com a complexidade da realidade no último século XX (que representou um período de intensificação de mudanças na sociedade, pois as consequências do desenvolvimento tecnológico, das duas guerras mundiais, que alteraram a geopolítica mundial, das inovações tecnológicas e da produção tornaram obsoletas as visões de uma realidade mecânica e previsível). Reconhecer essa complexidade exigiu a elaboração de teorias mais robustas – como a TGS –, as quais, identificando a natureza sistêmica dos fenômenos, passaram a compreendê-los como sendo sistemas formados por elementos em constante interação. Sob essa ótica, Bertalanffy (2010) buscou entender os fenômenos da realidade em termos **holísticos** e **organísmicos**.

Conceitos-chave

Holístico: refere-se à visão integradora para a compreensão de interações sistêmicas, segundo a qual "o importante são as relações e os conjuntos que a partir delas emergem" (Arnold; Osorio, 1998, p. 40, tradução nossa).

Organísmico: esse termo foi delineado por Bertalanffy (2010) para demarcar a necessidade de mudar o enfoque da biologia molecular – que estudava os elementos celulares separadamente – para um esquema analítico que permitisse compreender o comportamento de tais elementos diretamente na interação orgânica. Portanto, a teoria organísmica de Bertalanffy considera o organismo como um todo que se caracteriza por uma organização complexa, com integração de seus elementos e de suas funções (Betancourt; Mertens; Parra, 2016).

Acompanhe um exemplo hipotético: para investigar o consumo de sorvete no verão de sua cidade, um cientista cartesiano isolaria as seguintes variáveis: (i) quantidade de sorvete; (ii) temperatura do ambiente. Assim, ele poderia chegar à seguinte explicação: para cada grau que aumentasse na temperatura, a venda de sorvetes teria um acréscimo de 7%. Embora essa proporção seja aferida, seria ingênuo acreditar que o comportamento daqueles consumidores poderia ser resumido apenas a essas duas variáveis.

Note que, para melhor explicar as oscilações de consumo de sorvete no verão de uma cidade, é necessário compreender o contexto em que isso acontece. Em outras palavras, é preciso que o fenômeno não seja isolado de seu contexto, pois existem elementos com os quais ele interage, devendo-se, portanto, considerar que a explicação é prejudicada com o reducionismo cartesiano. Um enfoque sistêmico, por sua vez, poderia reconhecer com facilidade que outros fatores, como sazonalidade, quantidade de fornecedores, qualidade dos apelos comerciais, entre outros, podem sistemicamente influenciar a decisão de compra daquele produto em conjunto com a elevação da temperatura.

Reconhecer a influência de uma grande quantidade de elementos atuando em um fenômeno é um grande desafio metodológico. Mas a situação não poderia ser diferente, pois a natureza dos fenômenos da vida real é complexa. Em nosso campo, o das ciências sociais, é problemático reduzir as tantas interações que ocorrem simultaneamente a explicações que partem de uma análise individual dos elementos envolvidos.

1.4 Fundamentos da teoria geral dos sistemas

O potencial da teoria geral dos sistemas (TGS) foi reconhecido por muitos campos científicos que passaram a compreender os fenômenos para além do pensamento cartesiano de que o todo seria igual às partes. A sinergia das partes é capaz de produzir resultados maiores do que a soma individual do esforço dos envolvidos. Esse entendimento permitiu importantes avanços e demonstrou que os sistemas apresentam princípios universais que podem ser utilizados em diversos campos (Bertalanffy, 2010).

No campo da administração, as organizações produtivas passaram a ser identificadas como sistemas que interagem com outros sistemas, formando populações, assemelhando-se estruturalmente, compartilhando e/ou disputando recursos, enfim, produzindo fenômenos interacionais que são mais bem compreendidos pela TGS. Embora Bertalanffy (2010) não fosse administrador e não tivesse a pretensão de otimizar o desempenho das organizações, ele apontou que seus conceitos poderiam ser úteis para a compreensão do contexto das empresas. Desse modo, a área da administração apropriou-se dos conhecimentos e das analogias gerados com base na abordagem desse autor para refinar os diagnósticos e as ferramentas de gestão.

Como você pode perceber, os propósitos da TGS são convergentes com os interesses da administração. Além disso, tais propósitos permitiram gerar metáforas que aproximaram os estudos feitos da realidade, com instrumentos de investigação mais robustos do que aqueles de que dispunham os representantes da Escola Clássica, como Taylor (1990) e Fayol (1990). Esses autores acreditavam que o correto funcionamento de uma organização e, consequentemente, a consecução de seus objetivos dependiam do ajuste do funcionamento de seus recursos internos. Com esse pensamento reducionista, acabavam minimizando a importância dos elementos do ambiente externo e o ganho de desempenho que é resultado da sinergia do sistema.

A seguir, apresentamos os propósitos centrais da TGS de Bertalanffy (2010):

- Tem uma inclinação a integrar as ciências naturais e sociais.
- O cerne da integração está na TGS.
- A TGS pode ser uma forma de consolidar uma teoria exata nos campos não físicos da ciência.
- Apresenta princípios unificadores que transpõem as ciências individuais.
- Pode levar à integração tão almejada na educação das ciências.

Mas, afinal, o que é um sistema? Basicamente, **sistemas** são elementos que interagem de forma sinérgica e que produzem um resultado para além da soma dos esforços individuais (Bertalanffy, 2010). O efeito **sinérgico** produz algo que não seria obtido senão pela estruturação integrada dos elementos que compõem o sistema. Isso porque a integração sinérgica leva o sistema a atingir um estado **homeostático** de operação, o qual permite a produção de algo que transcende o que os elementos do sistema produziriam operando de forma independente.

Conceitos-chave

Homeostase: conforme Morgan (1996, p. 50), a homeostase "diz respeito à autorregulação e à capacidade de conservar um estado equilibrado [...]".

Sinérgico: "Todo sistema é sinérgico, porém não se pode examinar suas partes de forma isolada ou prever seu comportamento. A sinergia é, portanto, um fenômeno resultante de interações entre as partes ou componentes de um sistema (*cluster*). Esse conceito responde ao postulado aristotélico segundo o qual 'o todo não é igual à soma de suas partes' [...]" (Arnold; Osório, 1998, p. 47, tradução nossa).

Vamos a um exemplo prático: seu computador tem um sistema operacional. Mas qual é o componente específico que garante o funcionamento dele? É difícil responder a essa questão, pois ele é o produto de vários *hardwares* funcionando sincronicamente. Sua existência não depende apenas de um deles, mas de todos ao mesmo tempo. Nesse sentido, o computador pode ser entendido como um sistema fechado, pois é capaz de permanecer em operação como consequência do correto funcionamento de seus *hardwares*, independentemente de haver ou não troca de informações com o usuário.

Não obstante, o sistema operacional em correto funcionamento é muito mais do que a soma do resultado individual de seus componentes, pois sua operação se vincula a um efeito sinérgico. Admitamos que você, como usuário, comece a inserir informações e a interagir com o sistema operacional. Nesse momento, estará havendo troca de recursos informacionais com o ambiente, configurando-se um sistema aberto. Você passa a inserir dados, o sistema operacional os processa e retorna as informações que você buscava. O resultado dessa interação é superior à posse dos dados que você tinha antes do processamento no computador, e o uso da informação obtida pelo processamento produz um resultado que representa muito mais do que a informação em si.

É importante considerar que a Escola Clássica da Administração era formada por pensadores do contexto industrial, em sua maioria engenheiros, cuja formação era baseada na física e na matemática cartesianas. Por isso, seus representantes olhavam para as organizações industriais interpretando-as em pequenas partes, setores, grupos, movimentos, como se fossem sistemas isolados. Esses eram seus pressupostos, pois a física convencional, por exemplo, presume ser possível lidar com sistemas fechados, ou seja, isolados do ambiente, com variáveis controláveis. Entretanto, pessoas, organizações e sociedades formam sistemas que não são passíveis de controle em laboratório, ou seja, são sistemas cujos fenômenos não podem ser isolados de seus contextos.

Compreender as organizações como sistemas abertos implica referir-se a elas metaforicamente como organismos vivos, ou seja, como sistemas abertos que sobrevivem mediante a troca cooperativa de recursos com o ambiente para cumprir uma função no todo. Organizações, assim como seres vivos, apresentam um fluxo ininterrupto de entradas e saídas. Os organismos vivos, por exemplo, mantêm-se num chamado *estado estacionário* através do anabolismo e do catabolismo de componentes, realizando metabolismo e processos químicos dentro de suas células (Bertalanffy, 2010). De forma análoga, as organizações sobrevivem no ambiente cumprindo uma função que envolve entrada, processamento e saída de recursos em um fluxo constante.

> "Um sistema pode ser definido como um complexo de elementos em interação" (Bertalanffy, 2010, p. 84).

A TGS está alinhada à ideia da formação educacional de cientistas generalistas e do aperfeiçoamento interdisciplinar (Bertalanffy, 2010). Ao admitir a relação entre elementos que talvez apresentem naturezas diversas – econômica, social, psicológica, material etc. –, mas interesses comuns em relação ao produto do equilíbrio funcional do sistema, a TGS exige que o sujeito esteja aberto a dialogar com outros campos do saber que auxiliam na compreensão do fenômeno observado. Por exemplo, para compreender a dinâmica de trabalho, é preciso articular sistematicamente conceitos de diversas áreas: da psicologia, no que se refere ao comportamento dos indivíduos; da engenharia, naquilo que afeta a ergonomia dos equipamentos utilizados por esses sujeitos; da física, que possibilita o planejamento das máquinas; da sociologia, que permite a compreensão do ambiente social externo à organização em seus aspectos políticos; entre tantas outras áreas que participam de um mesmo fenômeno, formando um contexto único, como o das organizações – das quais também somos elementos participantes.

Assim, aos poucos, as ideias iniciais dos sistemas foram sendo retomadas e utilizadas na sociologia, campo que, em conjunto com outras áreas do conhecimento, dedica-se ao estudo de grupos humanos diversos, como as organizações. Ao concebê-las como sistemas, é necessário considerar, por exemplo, os diversos elementos que as compõem.

Kenneth Boulding

Kenneth Boulding foi um economista britânico naturalizado norte-americano que se dedicou à economia e à filosofia. Em 1956, durante sua atuação como professor da Universidade de Michigan, publicou o artigo *"General Systems Theory – The Skeleton Of Science"* ("Teoria geral dos sistemas – o esqueleto da ciência"), em que delineou níveis de sistemas e propôs que a produção científica deveria ser considerada um sistema de conhecimento, para além das barreiras à interdisciplinaridade presente nos campos do saber em sua época. A notoriedade de seu trabalho foi reconhecida com indicações aos Prêmios Nobel de Economia e da Paz. Kenneth Boulding morreu aos 83 anos no Colorado (Boulding, 2013; Keyfitz, 1996).

Em termos práticos, poderíamos pensar em uma indústria de confecção de roupas e em cada um de seus departamentos (produção, compras, financeiro, recursos humanos), compostos de recursos humanos e materiais, e fazer a seguinte associação: indústria de confecção de roupas = sistema; departamentos = os elementos que compõem esse sistema.

Vale lembrar que há certa dificuldade envolvida na compreensão desses fenômenos e na definição dos elementos que os constituem. Um aspecto diz respeito aos sistemas socioculturais que perpassam as ciências sociais – portanto, os variados grupos (tanto em nível micro quanto macro), frutos não somente de fenômenos isolados, mas de uma inter-relação mais ampla e de suas culturas. Isso significa que, contrariamente às ciências naturais – que se dedicavam a explicar os fenômenos sob um olhar que os tomava de forma mais isolada –, a ciência social deve ater-se ao universo simbólico que circunda as ações e relações dos indivíduos (Bertalanffy, 2010).

1.5
Hierarquia dos sistemas: uma proposta analítica

A TGS tornou-se promissora para a situação sociológica da produção de conhecimento na segunda metade do século XX. Para Boulding (1956), a TGS não traz uma explicação para tudo, deslegitimando os campos do saber já constituídos. Trata-se, no entanto, de considerar a importância de delimitar fronteiras sem estabelecer limites interacionais na construção do conhecimento.

Nessa época, o conhecimento estava sendo gerado em campos específicos, com semânticas próprias e de forma independente. É como se cada área da ciência estivesse em um clube fechado gerando conceitos sobre objetos pelos quais outras áreas também se interessavam, embora se revelassem incapazes de obter interação conceitual. Isso porque, no mundo real, as interações entre as coisas, os seres e os fenômenos decorrentes dessas interações não se limitam às barreiras conceituais dos campos científicos. Assim, para gerar conhecimento sobre a realidade, é necessário compreendê-la de forma sistêmica, tendo em vista a interdependência dos objetos analisados, que muitas vezes transcendem as delimitações conceituais de uma área de conhecimento específica (Boulding, 1956).

Imagine que em uma indústria de componentes eletrônicos existe um problema de produtividade. A disfunção observada é que as ordens de produção não são atendidas no prazo e existe muito retrabalho e, consequentemente, desperdício, tanto de materiais quanto de mão de obra. Se esse problema fosse investigado somente sob a ótica dos engenheiros, talvez a análise ficasse circunscrita a aspectos técnicos, tais como correto funcionamento e operação das máquinas, ergonomia e padronização. A solução apontada poderia ser treinamento técnico, substituição de equipamentos ou até mesmo de mão de obra. Nesse caso, a organização está sendo observada como engrenagens que devem estar sincronizadas e, havendo mau funcionamento, as peças defeituosas devem ser substituídas, caso não seja possível promover o reparo imediato.

Entretanto, a TGS nos inspira a pensar que as causas de um problema que aparentemente estaria sob a alçada da engenharia poderiam ser mais bem analisadas com a contribuição das abordagens humanistas, o que permitiria, talvez, identificar que o problema da ineficiência produtiva poderia ter ligação não apenas com a disfunção dos equipamentos, mas também com aspectos motivacionais dos operadores. Seria possível perceber, por exemplo que os sujeitos trabalham sob excessiva carga de ansiedade, por considerarem suas tarefas enfadonhas e repetitivas. Outra hipótese seria que o nível de atenção durante a execução das tarefas dos trabalhadores está comprometido, resultando em erros operacionais; consequentemente, há nítidos problemas de eficiência, como atrasos dos pedidos e desperdícios. Note que uma solução para esse problema não está sob a alçada de um único campo do saber. Isoladamente, nem a psicologia nem a engenharia poderiam ter uma explicação completa para esse fenômeno. Fica evidente a necessidade de interação entre as diversas áreas de conhecimento para fazer uma descrição qualificada dessa realidade a fim de que se possa elaborar uma ação que efetivamente resolva a disfunção (Boulding, 1956).

Nesse contexto, podemos melhor compreender a proposição de Boulding (1956) de que a TGS é capaz de gerar um quadro teórico de referência que viabilize a comunicação entre diferentes especialistas interessados em fenômenos distintos de uma mesma realidade. Porém, é necessário compreendê-los a partir de suas inter-relações, sem que isso represente a desconstrução de fronteiras entre diferentes áreas. Estas não devem estabelecer limites de interação quando se referirem a objetos e fenômenos que se relacionam direta ou indiretamente. Assim, Boulding (1956) acredita que a TGS pode contribuir para a geração de conhecimento sob duas perspectivas complementares entre si. A primeira é olhar para a realidade, escolher fenômenos gerais que são investigados em muitas disciplinas diferentes e procurar construir modelos teóricos gerais multidisciplinares. A segunda consiste em organizar os fenômenos da realidade em uma hierarquia de complexidade e tentar desenvolver um nível de abstração apropriado para uma compreensão aprofundada de cada um.

Partindo da segunda perspectiva, desde a análise estrutural ilustrada pelo átomo até os limites do conhecimento sobre as interações entre sistemas, Boulding (1956) propôs nove níveis analíticos de sistemas, apresentados no Quadro 1.1.

QUADRO 1.1 – Níveis analíticos de sistemas

Hierarquia	Nomenclatura	Descrição
1º nível	Estrutural	Consiste na análise das estruturas estáticas: anatomia, composição e delimitação espacial.
2º nível	Mecanicidade	Consiste na análise das leis que regem o funcionamento do sistema, proporcionando previsão desse funcionamento.
3º nível	Termostato	Consiste na análise da tendência do sistema em busca do estado de equilíbrio funcional interno.
4º nível	Célula	Envolve a identificação da automanutenção estrutural do sistema, inclusive com a interação com outros sistemas. Neste nível, já é possível fazer referência aos sistemas abertos.
5º nível	Genético-societal	Observa-se a divisão funcional de trabalho entre sistemas para formar comunidades interdependentes.
6º nível	Animal	Caracteriza-se por maior mobilidade, por um comportamento voltado para um objetivo predefinido.
7º nível	Humano	Envolve autoconsciência de existência, percepção de si, racionalidade, apreensão de leis de funcionamento de outros sistemas.

(continua)

(Quadro 1.1 – conclusão)

Hierarquia	Nomenclatura	Descrição
8° nível	Sócio-organizacional	Simbioticamente relacionado ao nível anterior, consiste no nível social e organizacional das interações de sistemas de indivíduos e na relação entre suas interpretações mútuas, formando interações simbólicas.
9° nível	Sistemas transcendentais	Está circunscrito aos limites do conhecimento possível sobre as interações entre macrossistemas.

FONTE: Elaborado com base em Boulding, 1956.

Os níveis de sistemas são ilustrados com elementos físicos, biológicos e sociais. Até o terceiro nível, Boulding (1956) descreve um sistema cuja dimensão analisada independe do contexto em que se encontra, e a isso nos referimos como um sistema fechado. Do quarto nível em diante, a explicação para a natureza dos fenômenos analisados precisa ser elaborada a partir das influências ambientais no funcionamento do sistema. É importante ressaltar que, ao analisar um sistema fechado, o autor não está sugerindo que tal sistema exista no vazio externo, mas que para o fenômeno que está sendo explicado o ambiente não gera grandes influências. Sistemas fechados existem apenas como esquemas conceituais, uma vez que tudo o que percebemos não existe de forma isolada no espaço-tempo. Como um esquema conceitual, sistemas fechados distinguem-se dos sistemas abertos, e tais diferenciações serão abordadas introdutoriamente na seção a seguir e detalhadamente nos Capítulos 2 e 3, respectivamente.

1.6
Sistemas fechados e sistemas abertos

Vamos diferenciar duas modalidades de sistemas: os sistemas fechados, aqueles que são autossuficientes e não realizam trocas com o ambiente no qual estão inseridos, e os sistemas abertos, que realizam trocas de recursos com o ambiente e nele desempenham uma função.

Os sistemas fechados foram presumidos pela ciência clássica (Boulding, 1956), liderada pela matemática, pela física e pela biologia. Esses campos científicos foram os que mais inspiraram teorias da administração no início do século XX. Entretanto, será difícil encontrar tais sistemas na vida real no mundo social das organizações, pois se trata muito mais de esquemas analíticos do que de realidades vividas no dia a dia. Já os sistemas abertos são muito mais visíveis no cotidiano e tornaram-se mais presentes nas teorias da administração após a década de 1950.

Um sistema é dito *fechado* na condição de inexistência de troca de matéria com o ambiente, sendo o campo da físico-química o que se dedica, de forma geral, ao estudo dos processos nesse tipo de sistema (Bertalanffy, 2010). Imaginemos, então, um sistema fechado: você já deve ter visto imagens da máquina de um relógio mecânico; pois bem, um bom relógio mecânico é aquele que tem suas engrenagens perfeitamente sincronizadas e, assim, faz a marcação perfeita do tempo – como se espera de um bom relógio. Se houver disfunção entre seus mecanismos internos, o relógio vai atrasar ou adiantar, ou seja, terá problemas em cumprir aquilo que se espera de um equipamento de marcação do tempo.

No período da administração clássica, as organizações foram entendidas como sistemas fechados. As variáveis que mais importavam na atividade produtiva eram as relacionadas ao seu ambiente interno. É como olhar para um complexo industrial e ver nele engrenagens em funcionamento, como uma máquina em operação. Essa era a concepção de eficácia do modelo fordista de produção, colapsado pelas limitações de interação com o ambiente externo.

O organismo é um sistema aberto em estado (quase) estável que realiza trocas de matérias com o ambiente. Desde as contribuições de Bertalanffy (2010), esse tipo de sistema pode ser facilmente identificado no cotidiano. Vamos a um exemplo: a biologia, ao investigar uma determinada espécie em seu *habitat*, seguramente olhará para aquele ambiente como um sistema aberto, em que a espécie em questão não só faz trocas de recursos com o ambiente, como também exerce uma função naquele sistema, formando relações de interdependência com outros elementos. Note que essa interação entre sistemas e subsistemas que são facilmente observados em um bioma é um exemplo claro de sistema aberto. Na administração, o papel do ambiente para o ótimo funcionamento das organizações passou a ser mais bem compreendido a partir das contribuições de Philip Selznick (1948). O autor destacou a influência que o ambiente exerce nas estruturas organizacionais, o que mais tarde deu origem a várias abordagens que reconheceram que o bom funcionamento da organização depende de seu ajuste no ambiente no qual se encontra, contrariando a lógica da administração clássica. Perceba que as organizações que você conhece trocam recursos o tempo todo – materiais, humanos ou informacionais. Há entradas, saídas e relações de interdependência, o que faz com que cada elemento tenha uma finalidade no sistema.

Após a segunda metade do século XX, teóricos organizacionais passaram a se referir às organizações muito mais como sistemas abertos do que sob o viés mecanicista do sistema fechado. Eric L. Trist e A. K. Rice, do Instituto de Relações

Humanas de Tavistock, na Inglaterra, ao estudarem as minas de carvão no país e a indústria têxtil na Índia, já na década de 1960, buscaram analisar as organizações sob um enfoque sistêmico. Foi Trist quem identificou os subsistemas técnico e social. Já Rice dedicou-se com mais afinco às relações entre organização e ambiente. O modelo proposto pelos teóricos assume que uma organização, para ser eficiente, precisa considerar as trocas com o ambiente tanto em nível de subsistema técnico (como os insumos demandados) como em nível social (valores sociais) (Motta, 1971).

A seguir, no Quadro 1.2, apresentamos algumas diferenciações entre sistemas fechados e sistemas abertos. É importante ressaltar que se trata de uma comparação não exaustiva, mas que permite compreendê-los como sistemas analíticos que instrumentalizam a análise de um fenômeno da realidade.

QUADRO 1.2 – Diferenças entre sistemas fechados e abertos

Sistema fechado	Sistema aberto
Não há troca de recursos com o ambiente	Há troca de recursos com o ambiente
Previsível	Alguma previsibilidade
Funciona em estabilidade	Tendência à estabilidade

FONTE: Elaborado com base em Bertalanffy, 2010.

Perceba que, por assumir que os fenômenos ocorrem independentemente do contexto em que estão inseridos, o modelo analítico de um sistema fechado presume não haver troca de recursos com o ambiente. Por sua vez, o modelo de um sistema aberto considera que a troca de recursos – materiais, informações, interações sociais – com o ambiente externo é condicionante para a existência do fenômeno analisado.

Os sistemas fechados funcionam em estabilidade e, por isso, disfunções em seu funcionamento são facilmente perceptíveis; consequentemente, torna-se fácil corrigir o elemento causador da desordem funcional. Já os sistemas abertos são extremamente instáveis, e suas estruturas buscam a estabilidade mediante constantes ajustes a um ambiente que jamais se estabiliza por completo. Portanto, os sistemas abertos buscam a estabilidade, embora seja apenas uma tendência que rege seu funcionamento pouco previsível.

Em virtude da estabilidade, os sistemas fechados podem ser explicados por leis generalizantes; portanto, seu funcionamento é previsível por equações matemáticas. Os sistemas abertos não são tão previsíveis, pois a complexidade das interações com outros sistemas torna impossível o estabelecimento de leis que possam descrever o funcionamento de todos eles ao mesmo tempo, tendo em vista que podem apresentar naturezas distintas.

Síntese

Neste capítulo, vimos que a TGS foi elaborada pelo biólogo austríaco Ludwig von Bertalanffy. Seu pensamento confrontava a forma cartesiana de se fazer ciência. Desde a década de 1920, o autor começou a desenvolver os fundamentos daquilo que se tornou sua obra mais importante, lançada em 1968, intitulada *Teoria geral dos sistemas*. Sua teoria foi discutida em vários campos científicos, inclusive na administração, a partir da década de 1950. Um sistema é conceituado por Bertalanffy como um complexo de elementos em interação.

Além disso, mostramos que Boulding (1956) propôs duas perspectivas para a TGS na ciência: a primeira se refere à multidisciplinaridade analítica para a descrição dos fenômenos da realidade; a segunda, à hierarquização desses fenômenos em nove níveis por ordem de complexidade.

Também discutimos que as organizações foram entendidas pela Escola Clássica da Administração como sistemas fechados. Nessa ótica, acreditava-se que a perenidade e o desenvolvimento de tais sistemas dependiam primordialmente do ajuste funcional de seus elementos internos. Quando as organizações passaram a ser vistas como sistemas abertos, houve uma valorização da importância do ambiente em seu funcionamento, admitindo-o como um subsistema que interage com outras organizações ou outros subsistemas.

Nesse sentido, os sistemas fechados existem como esquemas analíticos idealizados para proceder a análises de fenômenos que acontecem independentemente de seus contextos. As organizações atualmente são entendidas como sistemas abertos, pois trocam recursos com o ambiente e desempenham uma função no contexto no qual estão inseridas.

Para saber mais

PONTO de mutação. Direção: Bernt Amadeus Capra. EUA, 1990. 112 min.

O filme *Ponto de mutação*, produzido por A. J. Cohen e dirigido por Bernt Amadeus Capra, foi lançado em outubro de 1991. Aos 18 minutos, Jack Edwards (político), Thomas Harriman (poeta) e Sonia Hoffman (cientista) travam um diálogo sobre o pensamento mecanicista e organísmico. Hoffman explica que o modo de Edwards pensar a sociedade, como se esta fosse um sistema fechado, é limitado demais para compreendê-la.

Estudo de caso

Hospital S.: um sistema operando com problemas

O Hospital S. foi fundado em 1967 pelo Dr. Coronário Alves Lima. De início, era voltado para o atendimento das doenças do coração. Entretanto, em razão das competências do Dr. Coronário como médico e gestor, o hospital ampliou seu campo de atuação. Naquele ano, seus irmãos, que também são médicos, associaram-se ao empreendimento e investiram em instalações, equipamentos e na contratação de mais profissionais. Hoje, o Hospiral S. é um hospital geral, de alto padrão, com 83 leitos e atende a uma ampla gama de especialidades clínicas e cirúrgicas. Dispõe dos serviços de pronto atendimento e emergências – 24 horas, unidade de terapia intensiva (UTI), unidade intermediária de cuidados especiais, internamento, centro cirúrgico e de exames laboratoriais. Realiza mensalmente 2.150 atendimentos de emergência, 320 cirurgias e 430 internações.

Em 2015, o Dr. Coronário decidiu profissionalizar a gestão e contratou um profissional com experiência em empresas do ramo da saúde para gerenciar seu hospital. Henrico Fortuna, engenheiro de produção, especializado em gestão financeira, foi escolhido para a função de diretor por ter experiência de trabalho em empresas do ramo da saúde. Assim, o Dr. Coronário passou a fazer parte apenas do Conselho Diretor.

Uma das primeiras providências de Fortuna foi deliberar mudanças em relação à estratégia do hospital, definindo nova visão, missão e valores:

- **Missão**: Promover o restabelecimento da saúde das pessoas por meio de atendimento humanizado, com pessoal capacitado e tecnologia de ponta.

- **Visão**: Ser uma instituição de saúde reconhecida pela comunidade curitibana.
- **Valores**: Ética, responsabilidade, respeito e cuidado.

A estrutura organizacional da instituição foi reformulada e ficou configurada de acordo com o organograma a seguir.

Figura A – Estrutura organizacional do Hospital S.

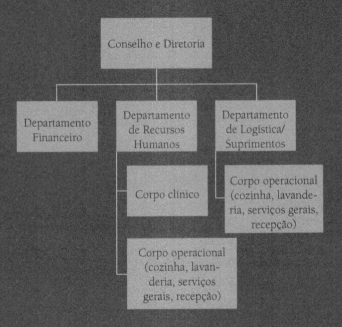

As coisas não vão bem...

No ano de 2017, o hospital passou por alguns problemas. Diariamente, serviam-se café da manhã, almoço, café da tarde e jantar para os pacientes internados nos quartos. No caso dos acompanhantes, um por paciente, as refeições eram realizadas no próprio refeitório do hospital, mediante liberação da enfermagem. O Quadro A apresenta a escala de horários de atendimento das refeições para pacientes e acompanhantes.

QUADRO A – Escala de horários de refeições para pacientes e acompanhantes

Refeições de pacientes	Refeições de acompanhantes
Local: Quarto	Local: Refeitório
Café da manhã: 8h	Café da manhã: 8h30-9h30
Almoço: 11h	Almoço: 11h30-12h
Café da tarde: 14h	Café da tarde: —
Jantar: 17h30	Jantar: 18h-18h30

O refeitório da **Divisão de Nutrição e Dietética**, responsável pela elaboração das refeições servidas aos pacientes e aos acompanhantes, vinha demandando uma aquisição de insumos muito acima da média, o que gerava desperdício crescente.

Eram quatro turnos de trabalho dos funcionários do refeitório. Os funcionários contratados mais recentemente não haviam recebido treinamento e tinham entrado no lugar de três funcionários que haviam sido demitidos por faltarem demais ao trabalho.

No setor de Pronto Atendimento/24 horas, houve registro crescente de reclamações. A última delas foi a da Senhora Rosa Port, 50 anos, filha da Dona Maria Port, 85 anos:

"Cheguei no PA do Hospital com minha mãe na segunda feira, às 8h da manhã. Ela estava confusa, enxergando tudo embaçado e com o coração batendo muito rápido. Estava com um febrão e estava passando muito mal.

Precisava de atendimento médico rápido, mas deixaram a gente esperando por mais de 3 horas. Um descaso. Minha mãe foi muito mal atendida, ninguém teve a capacidade de me ajudar rapidamente. Tinha gente conversando sobre novela pelos cantos e não se prontificaram a fazer alguma coisa por nós."

Rosa Port logo fez reclamações no "Reclame Aqui" do hospital. Sem respostas e furiosa, foi às redes sociais e tratou de fazer as reclamações publicamente, deixando a cargo do "boca a boca" a propaganda negativa.

Outras situações parecidas vinham ocorrendo na época, e o número de pacientes chegou a cair, impactando os resultados da instituição hospitalar.

O diretor estava bem atento aos resultados financeiros da instituição e, por isso, percebeu que havia motivos para estar preocupado. Comparando os lucros obtidos nos anos anteriores com o daquele ano, observou uma queda brusca, o que viria a impactar a distribuição de resultados a seus sócios. Fortuna atribuiu o resultado negativo à queda na procura pelo hospital, o que, segundo ele, era resultado da crise econômica que fez as pessoas buscarem atendimento na rede pública de saúde.

Uma reunião para solucionar problemas...

Em face dos problemas emergentes, Henrico Fortuna convocou uma reunião geral para deliberar sobre soluções que garantissem redução de custo operacional e redução das reclamações. As decisões repassadas à equipe foram:

- O refeitório seria dividido em duas alas: uma para funcionários, onde seriam servidos café da manhã, almoço e jantar, e outra destinada à instalação de uma lanchonete terceirizada para atender aos acompanhantes. Isso permitiria reduzir o número de funcionários da cozinha e, consequentemente, as despesas com salários daquele setor.

- As refeições seriam oferecidas apenas aos pacientes, e os acompanhantes poderiam comprar suas refeições na lanchonete. Com isso, buscava-se reduzir os custos com desperdícios, tanto em relação a erros de previsão de demanda no preparo quanto no tocante ao desperdício por parte dos acompanhantes.
- Seriam contratados um auxiliar de enfermagem e uma recepcionista para agilizar o processo de triagem e evitar reclamações de espera.
- Seria contratada uma agência de publicidade e propaganda para fazer uma campanha com vistas a melhorar a imagem do hospital perante seus usuários.

Uma análise sistêmica... Agora é com você!

O Hospital S. parece se configurar como um complexo sistema composto por setores, pessoas e ambientes, e administrar essa organização complexa parece ter se tornado um grande desafio para o diretor Fortuna.

Interpretando-se essa realidade como um sistema que se caracteriza pelo funcionamento de partes interdependentes formadas por elementos internos e externos, talvez seja possível estabelecer relações causais que permitam obter alguma previsibilidade quanto a seu funcionamento, e isso é tudo o que deseja o diretor.

Considerando os pressupostos da TGS, apresente sua percepção sobre quais seriam as causas sistêmicas dos problemas, avalie as decisões do diretor e sugira outras ações que poderiam ser tomadas para alcançar o controle da situação.

Questões para revisão

1. Cite as contribuições das ideias de Ludwig von Bertalanffy e Kenneth Boulding para o campo da administração.

2. Identifique dois sistemas abertos com os quais você interage em seu cotidiano.

3. Marque a alternativa correta:
   a) A teoria geral dos sistemas foi proposta por Bertalanffy e tinha por objetivo melhorar o desempenho das organizações.
   b) Na teoria geral dos sistemas, Bertalanffy questionava o cartesianismo científico de sua época.
   c) Contemporaneamente, as empresas são mais bem explicadas como sistemas fechados.
   d) Os sistemas abertos não existem no mundo real, pois a maioria dos sistemas com que temos contato no dia a dia se configuram como sistemas fechados.

4. Assinale com V as assertivas verdadeiras e com F as falsas.
   ( ) Bertalanffy era um autor comprometido com a lógica produtiva das indústrias.
   ( ) A teoria geral dos sistemas foi elaborada por um biólogo, e suas contribuições foram extensivas a outros campos da ciência.
   ( ) A Escola Clássica da Administração compreendia a organização como análoga a um sistema fechado.
   ( ) Henry Ford foi pioneiro na estruturação de sua indústria, reconhecendo-a como um sistema aberto.

   Agora, marque a alternativa que apresenta a sequência correta:
   a) F, V, F, V.
   b) F, V, V, F.

c) V, F, F, V.

d) F, V, V, V.

5. Os estudos em administração somente se aprofundaram na compreensão da influência que o ambiente externo exerce na estrutura organizacional após a década de 1950, mesmo período histórico em que a teoria geral dos sistemas de Bertalanffy tinha conquistado espaço em debates formais no campo científico. Sobre essa afirmação, marque a alternativa correta:

a) A compreensão das organizações como sistemas fechados revelou-se limitante em face da complexidade dos fenômenos contextuais que as envolvem.

b) Bertalanffy fora duramente criticado por seus pares, pois, para eles, a teoria dos sistemas não poderia ser importada da administração para a biologia.

c) A maior contribuição da teoria geral dos sistemas foi fornecer um aparato metodológico capaz de isolar as variáveis de um fenômeno, permitindo a mensuração de seus impactos sem a interferência do meio em que se encontram.

d) A administração científica é devedora de Bertalanffy, pois sem os conceitos da teoria geral dos sistemas Henry Ford não teria teorizado sobre a importância dos tempos e movimentos na interação entre homem e máquina.

Questão para reflexão

1. Quais são as limitações analíticas observadas ao se comparar o funcionamento de uma empresa com o de um organismo vivo?

2

Organizações como sistemas fechados

Conteúdos do capítulo:

- Características dos sistemas fechados.
- Organizações como sistemas fechados e o pensamento da Escola Clássica.
- A burocracia como a maquinaria racional das organizações sociais.
- As limitações para a compreensão das organizações como sistemas fechados.

Após o estudo deste capítulo, você será capaz de:

1. reconhecer e descrever as características de um sistema fechado;
2. analisar o funcionamento de uma organização sob o ponto de vista de suas operações internas;
3. compreender o modelo burocrático de organização como um sistema fechado, reconhecendo as vantagens e desvantagens desse esquema analítico aplicado à gestão;
4. descrever como as limitações da compreensão das organizações como sistemas fechados abriram caminhos para novos níveis de análise organizacional.

2.1 Introdução

Muitas abordagens da administração se basearam numa visão mecanicista para analisar o funcionamento das organizações produtivas. Esse enfoque esteve presente principalmente entre os pensadores da Escola Clássica da Administração, e muitas das abordagens atuais são dissidentes daquelas teorias. Neste capítulo, apresentaremos a organização produtiva entendida como um sistema fechado.

Até o início do século XX, o pensamento cartesiano predominante na ciência orientava a produção de conhecimento, tratando a realidade como um grande quebra-cabeça e as variáveis como peças isoladas, como se existissem independentemente do contexto da imagem que formavam. A independência do contexto ou do ambiente externo às variáveis que interagem entre si é uma característica dos sistemas fechados, assunto deste capítulo.

No período da administração clássica, as organizações eram pensadas como partes isoladas do contexto. Desse modo, a gestão buscava o ajuste dos elementos internos com vistas à eficiência operacional. Essa forma de interpretar a organização produtiva a tomava como uma máquina com engrenagens em funcionamento sincrônico. A metáfora da máquina ilustra o esquema analítico que corresponde à concepção de uma organização como um sistema fechado.

Ao longo deste capítulo, evidenciaremos algumas das características dos modelos de gestão propostos pelos teóricos da administração clássica. Você notará o olhar sistêmico e mecanicista associado àquele pensamento. Além disso, discutiremos o papel da teoria social de Max Weber na literatura da administração. Você perceberá que o modelo burocrático presente nas organizações na modernidade também busca funcionar como um sistema fechado.

2.2 Características dos sistemas fechados

Um sistema fechado é caracterizado pela inexistência de fluxos de materiais entre os ambientes interno e externo (Bertalanffy, 2010). Compreender a interação entre elementos como sistemas fechados é utilizar-se de um esquema analítico para melhor conhecer a lógica interna de funcionamento desse conjunto de elementos. Esse esquema analítico é uma ferramenta abstrata que permite isolar um fenômeno em uma constelação de outros fenômenos.

Os sistemas fechados são isolados do ambiente e funcionam de forma independente e em estado de equilíbrio interno, apenas. A análise dos processos desses sistemas pode ser objeto de estudo dos campos da física, da química e da matemática (Bertalanffy, 2010). A ciência clássica de base cartesiana, ao tentar explicar fenômenos da realidade, dividia um fenômeno em partes, tantas quantas fossem possíveis, e começava a explicá-las isoladamente, das mais fáceis para as mais complexas, até obter uma resposta verdadeira, isto é, cuja veracidade não pudesse ser questionada por argumentos racionais.

Quando fenômenos são isolados dos contextos de que fazem parte, é possível entender a complexidade dos elementos correlacionados a tais fenômenos e que funcionam interagindo independentemente do que há de externo aos seus objetivos. Sob essa ótica, por exemplo, um cientista cartesiano compreende a realidade simulando nela um grande quebra-cabeça. Ele divide a paisagem considerando a independência dos elementos que a compõem: o castelo, o lago, o céu, a floresta, a estrada etc. A partir da formação de cada uma das gravuras independentes, ele compreende a imagem representada pela soma das partes. Assim, esse esquema analítico – de dividir o todo em partes para sua melhor compreensão – tornou-se o principal motor da produção de conhecimento na ciência moderna.

Mas os sistemas fechados existem de fato? Sim, sob o ponto de vista de suas operações internas (Melo Junior, 2013). Kenneth Boulding (1956) propôs que a teoria geral dos sistemas (TGS) pode contribuir com a geração de conhecimento a partir da organização da realidade em uma hierarquia de elementos classificados de acordo com sua complexidade. O autor propõe nove níveis analíticos, sendo que os três primeiros (estrutural, mecanicidade e termostato) são tratados como sistemas conceituais com funcionamento alheio ao ambiente, ou seja, como sistemas fechados.

Nesse sentido, presumimos que o comportamento de alguns elementos ocorre independentemente do contexto externo. Por exemplo, Boulding (1956) afirma que o primeiro nível de sistema fechado, o **estrutural**, pode ser ilustrado pelo funcionamento de um átomo. Essa partícula material apresenta um estado de equilíbrio a partir da interação de seus elementos internos: prótons, elétrons e nêutrons. A composição desses elementos pode variar, mas as leis que explicam suas interações são comuns a toda matéria. Tal qual uma estrutura atômica, o Universo também poderia ser considerado um sistema fechado, uma vez que não se conhece algo externo às interações entre o espaço, o tempo e a matéria que o delimitam.

Essa ideia tem raízes na Grécia Antiga, época em que a existência dos seres, dos fenômenos naturais e das coisas em geral era narrada sob a perspectiva de que haveria uma ordem cosmológica, em que cada elemento cumpriria um papel na manutenção do equilíbrio de um grande sistema fechado: a maré teria uma função própria, assim como o vento, os pássaros etc. Os seres humanos também exerceriam funções esperadas para a manutenção da ordem, as quais consistiriam nas habilidades e virtudes inatas que deveriam desabrochar ao longo da vida. A ordem cosmológica do pensamento pré-socrático concebia o Universo como sendo ordenado por leis que o mantinham em equilíbrio e harmonia (Vernant, 2000).

É muito provável que em algum momento de sua vida escolar você tenha estudado, ainda que introdutoriamente, o funcionamento do corpo humano. Os livros introdutórios de ciências costumavam apresentar esse tema a partir da classificação de sistemas: respiratório, digestório, esquelético etc. Desse modo, dividindo-se a complexa máquina do corpo humano em partes, em sistemas independentes, era possível conhecer todo o seu funcionamento. Obviamente, nenhum desses sistemas realmente opera de forma isolada, mas, para conhecer o funcionamento do todo, era mais viável, sob essa lógica, entender as partes para depois construir o todo.

Auguste Comte

Auguste Comte nasceu na França, em 1798. Aos 16 anos, em 1814, ingressou na Escola Politécnica de Paris, ambiente que marcou seu pensamento de forma indelével. Uma de suas principais obras foi *Curso de filosofia positiva*, que passou a ser publicada em seis volumes a partir de 1830. Comte acreditava que o conhecimento e a ciência precisavam ser reorganizados, em virtude de conflitos resultantes do embate entre os pensamentos teológico, metafísico e positivo. Essa reorganização dependeria de uma completa reforma intelectual no homem, que deveria desenvolver novos hábitos de pensar conduzido pela filosofia positiva (Giannotti, 1991). O filósofo francês estruturou seu pensamento em torno de três temas: (i) a filosofia da história; (ii) a fundamentação da ciência baseada no pensamento positivista; e (iii) a reforma das estruturas sociais a partir de uma ciência social, a sociologia (Comte, 1991, p. VII-XVI). Suas ideias estão presentes nas correntes teóricas positivistas da administração.

Passando ao segundo nível, o de **mecanicidade**, Boulding (1956) recorre ao funcionamento de um relógio para analisar os sistemas. Por exemplo, o relógio tem engrenagens sincronizadas que garantem seu adequado funcionamento, sendo que, na ocorrência de um desajuste, ele deixa de cumprir seu objetivo: marcar o tempo com precisão. Sob os mesmos princípios, Boulding (1956) destaca o funcionamento lógico do sistema solar, que pode ser conhecido a tal ponto de seu comportamento se tornar previsível. É por conhecermos sua lógica funcional que sabemos, por exemplo, não só quando ocorrerá um eclipse solar, mas também em qual ponto do planeta será possível observar o Sol totalmente encoberto pela Lua. A marcação dos anos também é baseada em ciclos previsíveis do movimento de translação da Terra. Até mesmo os fenômenos climáticos como o El Niño têm seu ciclo conhecido em razão da possibilidade de previsão de alguns eventos do Universo. Tudo isso foi possível quando passamos a dominar as leis que regem esse sistema estável.

Nas ciências sociais, a importação desse esquema analítico das ciências naturais revelou-se controversa, gerando inúmeros debates ao longo do século XX (Melo Junior, 2013). Entretanto, a sociologia foi fundada sob as bases da ciência clássica desde Auguste Comte. Os grupos e as sociedades foram inicialmente estudados com base em seu funcionamento interno, isto é, papéis sociais, equilíbrio, reprodução de padrões etc. Quando a administração científica surgiu no campo das ciências sociais, não obstante, popularizada por engenheiros industriais, foi compreensível que os estudiosos e pesquisadores tenham interpretado as organizações produtivas com base em seu funcionamento interno, análogo ao de uma máquina.

O terceiro nível de análise proposto por Boulding (1956), o **termostato**, caracteriza-se pelo autoajuste para o equilíbrio interno. O termostato é um instrumento de controle de variações de temperatura de um sistema, cujo objetivo é manter tal sistema sempre com a mesma temperatura, constante, ou seja, equilibrada. Nesse nível, é possível observar que o sistema tem objetivos em seu funcionamento e os alcança por meio de entradas, processos de transformação e saídas (Figura 2.1). Além disso, para garantir o equilíbrio, há mecanismos internos de controle e de avaliação funcional. De acordo com esses controles, o sistema é retroalimentado, permanecendo em equilíbrio constante.

Figura 2.1 – Componentes do sistema

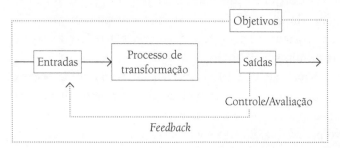

Fonte: Oliveira, 2002, p. 36.

As entradas se referem ao suprimento de insumos que serão processados e transformados nos resultados ou nas saídas. É a previsibilidade desse processo que o caracteriza como um sistema. Toda vez que o processamento se comporta de forma imprevista, o sistema aciona mecanismos de controle para isolar o problema e corrigi-lo antes que os objetivos sejam comprometidos. A conformidade das saídas em relação aos padrões preestabelecidos também é avaliada. Caso seja necessário, há uma reação corretiva que garante o correto funcionamento do fluxo do processo, de modo que o sistema se autorregule (Oliveira, 2002).

Os pensadores da administração clássica compreendiam as organizações produtivas como sistemas fechados e, por isso, a gestão buscava ajustes internos para que os elementos funcionassem de forma previsível.

2.3 A metáfora da máquina

As metáforas são recursos linguísticos utilizados para promover uma aproximação em relação a fenômenos complexos da realidade (Aristóteles, 1996). Gareth Morgan (1996) recorre a esse recurso ilustrativo para descrever as organizações. A imagem da **organização-máquina** é proposta pelo autor como possibilidade para entender o funcionamento mecânico de uma organização de acordo com os teóricos da Escola Clássica da Administração (Morgan, 1996).

Uma máquina é formada por um conjunto de peças e configura-se num meio para se alcançar determinado fim. Esse aparato utiliza energia e trabalho a fim de que o objetivo para o qual foi concebido seja atingido. Cada peça desse grande engenho tem uma determinada função dentro do todo, a qual deve ser realizada em determinado tempo e conforme certas exigências, de forma a manter a grande máquina em adequado funcionamento.

No dia a dia, podemos identificar vários sistemas segundo esse nível de análise, como os automóveis, que dispõem de um sistema de refrigeração do motor. É graças a um mecanismo termostático que a temperatura é mantida em nível ideal para o correto funcionamento dos mecanismos de combustão. Nesse caso, o objetivo é manter o controle da temperatura do motor de forma que não ultrapasse o máximo recomendado pelo fabricante. A água é o insumo necessário para que esse objetivo seja atingido. O processo de transformação se refere à refrigeração da água aquecida que circula entre as tubulações do bloco do motor. A saída é a manutenção da temperatura do motor em nível recomendado para o correto funcionamento do veículo. O mecanismo termostático é o ponto de controle, pois é ele que aciona ou não as hélices do radiador para intensificar o resfriamento da água, caso a temperatura esteja acima da normalidade. Se estiver elevada, automaticamente um mecanismo de ventilação ou de resfriamento induzido será acionado, restabelecendo o equilíbrio necessário para o correto funcionamento do veículo.

De forma metafórica, Morgan (1996) usa o termo *máquina* para se referir à organização produtiva. Sob esse ponto de vista, os funcionários, por exemplo, são compreendidos como se fossem engrenagens que trabalham executando uma tarefa específica de maneira rítmica e contínua. Cada trabalhador deve agir no exato momento previsto. Assim, espera-se um funcionamento análogo ao de uma máquina perfeitamente ajustada, previsível, exata e rotineira. As pessoas que trabalham são concebidas como seres que agem passivamente conforme um padrão predefinido.

Pensar em organizações como máquinas é vê-las como estruturas racionalmente planejadas e estruturadas com vistas a atingir objetivos. Apesar de ter contribuído com o aumento da produtividade desde a Revolução Industrial, o elemento humano foi reduzido a mero recurso de força de trabalho. Suprimir a criatividade mediante a prescrição de atividades repetitivas aos trabalhadores tornou as organizações produtivas pouco flexíveis e com limitada capacidade de adaptação às mudanças no ambiente (Morgan, 1996).

2.4 Organizações como sistemas fechados: a Escola Clássica

Com a expansão das indústrias entre o fim do século XIX e o início do século XX, emergiu um novo campo da ciência: a administração (Vizeu, 2010). Segundo Taylor (1990), o propósito desse campo era o alcance da **máxima prosperidade**, isto é, de bons resultados tanto para a empresa quanto para o empregado, a partir da obtenção de maior produtividade e rendimento de máquinas e homens da organização. Buscava-se, desse modo, um modelo científico de condução das atividades produtivas para dar conta da crescente complexidade das organizações. Esse novo campo era influenciado pelo pensamento da engenharia industrial, e foi **Frederick Winslow Taylor** quem popularizou o modelo de disciplina fabril que buscava o máximo de rendimento do trabalhador (Vizeu, 2010). Assim, com base nas aptidões individuais dos empregados, trabalhava-se com vistas ao alcance do máximo da eficiência nas atividades (Taylor, 1990). O olhar mecanicista recaía então sobre a organização desde sua unidade primária: o trabalhador.

A Escola Clássica da Administração representou a ascensão de um estilo norte-americano de gestão baseado na racionalidade científica positivista: o *management* (Vizeu, 2010). Para os adeptos dessa escola, as pessoas eram compreendidas como recursos produtivos, como se fossem engrenagens de uma máquina. Na administração científica, também denominada *administração das tarefas*, cabia à gerência a apreensão de todo e qualquer conhecimento prévio dos trabalhadores, bem como a descrição e o planejamento detalhados de cada atividade, de forma a poder delinear leis que viessem a guiar o trabalho cotidiano. A seleção era feita de maneira científica, ou seja, realizava-se uma busca das pessoas consideradas adequadas a cada posto de trabalho, lidando individualmente com cada uma, aprimorando-as de forma a aumentar sua eficiência e prosperidade. Além disso, tencionava-se a organização de uma divisão de trabalho justa e igualitária entre gestores e operários (Taylor, 1990). "É esta combinação da iniciativa do trabalhador, com novos tipos de atribuições conferidas à direção, que faz a administração mais eficiente do que os antigos sistemas" (Taylor, 1990, p. 41).

Assim, o comportamento dos trabalhadores foi compreendido como resultado de estímulos gerenciáveis. Desse modo, por meio das técnicas de gestão, seria possível obter um comportamento desejável e previsível a partir de um correto condicionamento, através de estímulos positivos e negativos. Uma vez que o operário alcançasse os resultados almejados, conforme os padrões definidos, haveria um incremento salarial (Taylor, 1990). Motta e Vasconcelos (2002) destacam a ideia do **Homo economicus**[1] como central no movimento da administração científica. Para os autores, "o homem é um ser eminentemente racional [...]" e que pode "escolher sempre a melhor alternativa e maximizar os resultados de sua decisão" (Motta; Vasconcelos, 2002, p. 33-34).

O princípio de que o ser humano corresponderia positivamente aos estímulos econômicos revelava uma redução a um sistema fechado em que o gerente deteria o elemento causador de uma consequência desejada: o aumento da produtividade seria estimulado pelos ganhos econômicos sob uma correlação positiva. Para o ajuste das engrenagens humanas – isto é, da força de trabalho – da máquina produtiva, Taylor (1990) propôs um estudo sistemático do tempo com posterior definição de tempos-padrão como base para o estabelecimento de salários.

Em seu livro *Princípios de administração científica*, Taylor (1990) apresenta alguns exemplos da aplicação da administração científica. Por meio do caso da Bethlehem Steel

---

1 Segundo Motta e Vasconcelos (2002, p. 36), esse conceito, que fundamenta a Escola Clássica da Administração e a economia, pauta-se nas seguintes ideias: "ser humano considerado previsível e controlável, egoísta e utilitarista em seus propósitos"; "ser humano visto como otimizando suas ações após pesar todas as alternativas possíveis"; "racionalidade absoluta" e "incentivos monetários".

Company, Taylor descreve o ofício de carregamento de barras de ferro. Depois de estudos detalhados, o autor conclui que alguns trabalhadores tinham capacidade de transportar cerca de quatro vezes mais do que o comumente realizado. De forma a atribuir essa quantidade ao trabalhador e alcançar a produtividade desejada, Taylor lança mão do processo de seleção científica para buscar o operário adequado à atividade, além de destacar a execução das tarefas sob as ordens do supervisor – "levante o lingote e ande. Agora, sente-se e descanse [...]" (Taylor, 1990, p. 46).

Outro estudo de interesse da aplicação da administração científica foi realizado no campo das atividades dos pedreiros e teve como entusiasta o engenheiro norte-americano Frank Bunker Gilbreth. O estudioso realizou a análise de movimentos de forma conjunta à análise de tempo, sistematizada por Taylor e seus colaboradores. O resultado revelou a possibilidade de uma grande economia de movimentos durante a rotina de trabalho dos pedreiros. Assim, Gilbreth introduziu suportes de trabalho, como andaimes e grades para tijolos, e orientou os pedreiros na realização de tarefas com as duas mãos simultaneamente, tornando o trabalho mais ágil e alcançando, no final, uma economia de movimentos executados pelos pedreiros (Taylor, 1990).

A integração entre homem e máquina foi conduzida pelo pensamento matemático da engenharia. O objetivo era alcançar o ajuste ergonômico perfeito entre o trabalhador e seus equipamentos de trabalho, com a finalidade de otimizar seus movimentos e obter ganhos de produtividade, eliminando-se quaisquer tempos perdidos na execução da tarefa. Assim, podemos notar a presunção de que a organização produtiva era análoga à maquinaria de um relógio – precisa e eficiente –, em que a eficiência poderia ser obtida pelo perfeito ajuste das engrenagens humanas e não humanas: a sinergia cinética entre homem e máquina. Sob o ponto de vista mecanicista, o funcionamento da organização era previsível, e o equilíbrio funcional era estabelecido racionalmente.

A indústria após a Segunda Guerra Mundial

No período que se seguiu à Segunda Guerra Mundial, acelerou-se o processo de industrialização no mundo. O Japão recebeu investimentos dos Estados Unidos para a revitalização da economia (Hunsberger, 1957). As relações econômicas entre os dois países resultaram em construções e trocas de técnicas produtivas e administrativas. Consultores e pesquisadores de universidades americanas, tais como William Edwards Deming e Joseph Moses Juran, pesquisaram sistemas de gestão japoneses. Além disso, algumas empresas japonesas se instalaram nos Estados Unidos, tais como a Honda, na década de 1960 (Mintzberg et al., 2006), e a Toyota (Magee, 2008). Os programas de gerenciamento da qualidade total, embora tenham sido criados nos Estados Unidos, foram aperfeiçoados em solo japonês, inspirando novas práticas no âmbito das empresas americanas (Lima; Cavalcanti; Ponte, 2004).

Em suma, podemos citar como fatores-chave da administração científica a seleção científica e criteriosa dos trabalhadores e seu treinamento posterior, bem como sua forma de instrução pelos supervisores. Cada tarefa passou a ser tratada como uma ciência, passível de planejamento pela direção, com definição de normas de movimentação e padrões de trabalho (Taylor, 1990).

No contexto da Primeira Guerra Mundial, os Estados Unidos mostraram um grande desempenho e eficiência em suas operações militares, dando maior destaque aos princípios de Taylor (1990) e servindo de modelo aos países europeus. Anos depois, na década de 1950, foi a vez de os japoneses tomarem os princípios de Taylor (1990) para sua operação nas indústrias, criando o conceito de *kaizen*[2] (Maximiano, 2000). Os pressupostos da administração científica se popularizaram na literatura do *management*. Esse estilo de gestão se expandiu pelo Ocidente, e a industrialização aos moldes norte-americanos foi considerada modelo para o desenvolvimento da economia mundial até meados da década de 1960 (Lara; Oliveira, 2017).

Henry Ford, um dos mais famosos empreendedores americanos do século XX, fundador da Ford Motors Company, em 1903 (Ford, 1964), refinou na prática de suas indústrias as bases conceituais do taylorismo, racionalizando o trabalho dos operários e integrando-os à automação do processo produtivo – por meio da produção de automóveis em uma esteira de montagem.

Seus métodos de fabricação eram voltados à economia (de pensamento e movimento) e ao maior rendimento. Uma vez inclinado ao melhor desenvolvimento e ajustamento das organizações, Ford (1964, p. 65) buscou "trazer o trabalho ao operário ao invés de levar o operário ao trabalho". Dessa forma, trabalhadores e ferramentas deveriam ser ordenados na sequência do processo produtivo e numa configuração que, do início ao fim da operação, representasse a menor

---

2 "O termo *kaizen* é formado a partir de KAI, que significa *modificar*, e ZEN, que significa *para melhor*. O *kaiken* foi introduzido na administração a partir de 1986 por Masaaki Imai e tem sido associado à ideia de *melhoria contínua* [...]" (Martins; Laugeni, 2005, p. 465, grifo do original). Segundo Imai (2005, p. 3), "KAIZEN significa [...] contínuo melhoramento, envolvendo todos, inclusive gerentes e operários. A filosofia do KAIZEN afirma que o nosso modo de vida – seja no trabalho, na sociedade ou em casa – merece ser constantemente melhorado".

distância possível entre homens e máquinas. Além disso, Ford percebeu a relevância do uso de mecanismos de apoio que oferecessem uma passagem de peças entre os operários de forma direta e autônoma, sem esforço humano, por meio de esteiras de movimentação (Ford, 1964). Assim, ele buscou a **padronização**, a **especialização** e a consequente **simplificação** dos processos produtivos. "Economizai dez passos por dia a dez mil operários e tereis economizado o tempo e a energia necessária para fazer cinquenta milhas diárias" (Ford, 1964, p. 63).

Henry Ford

Henry Ford foi o expoente do sucesso da administração científica posta em prática. Nasceu em 1863, na cidade de Dearborn, localizada no Estado de Michigan, e teve como inspiração, em sua dedicação ao desenvolvimento de meios de transporte, as raízes de sua vida na fazenda (Ford, 1964). Vale destacar o primeiro encontro de Ford, aos 12 anos, com um veículo não movido por tração animal: um locomóvel. A partir desse momento, brilhou em seus olhos o desejo pelo estudo dos carros automotores, o que o inclinou, desde cedo, à área da mecânica – na contramão dos anseios de seu pai, que o via como um agricultor (Ford, 1964).

Durante sua trajetória, Ford se dedicou por doze anos até o lançamento de seu famoso Ford-T, um modelo que se caracterizava por uma simplicidade que resultava em facilidade de produção, baixo custo e, consequentemente, sucesso nas vendas. Ford prezava pelo aperfeiçoamento de métodos de fabricação e ideias, em detrimento de modificações apressadas.

Segundo ele, é "preferível aperfeiçoar uma boa ideia a andar à cata de outras. A energia de um homem mal pode dedicar-se com eficácia a uma só ideia" (Ford, 1964, p. 25).

Foi no ano de 1913 que Ford, inspirado no sistema de carretilhas aéreas utilizado em matadouros de Chicago, aplicou uma rede de montagem em substituição ao tradicional sistema de fabricação, o que resultou numa queda considerável do tempo gasto na fabricação dos motores e, consequentemente, em maior rendimento. A ideia se expandiu e, no ano de 1914, foi aplicada ao esquema produtivo de chassis (Ford, 1964). "O princípio geral é que nada deve ser carregado, mas tudo deve vir por si" (Ford, 1964, p. 67). Essa ideia exigia, portanto, a adequada disposição de peças, máquinas de apoio e operadores na rede de montagem por onde o chassi do automóvel era puxado por uma correia enquanto era montado. O modelo clássico Ford-T, cuja produção demorava 12 horas, após a reorganização da cadeia produtiva, passou a ser fabricado em apenas 90 minutos, o que reduziu custos e permitiu que o preço final caísse 65% (Ford..., 2013).

Fica evidente que Ford, ao pensar a linha de montagem de sua indústria automobilística, tinha uma visão sistêmica, uma vez que as etapas de **entrada** (chassi), **processamento** (agregação das peças ao longo da linha) e **saída** (automóvel acabado) ilustram muito bem um sistema mecanicista.

O francês **Henry Fayol** também é considerado um teórico da Escola Clássica da Administração. Em sua obra *Administração industrial e geral*, lançada em 1916, Fayol (1990) teorizou seis definições para a administração, as quais distinguiu pelas seguintes funções básicas: administrativa, comercial, financeira, produtiva, de segurança e técnica. Entre as funções descritas por Fayol (1990), a **função administrativa** foi a mais explorada pela literatura do *management* (modo de gestão norte-americano). Essa função consiste nas seguintes ações: prever, organizar, comandar, coordenar e controlar. Note que todas essas dimensões fazem referência ao ajuste interno da organização, ou seja, à aderência ao pensamento sistêmico e mecanicista dos norte-americanos.

QUADRO 2.1 – Funções administrativas segundo Fayol

Função	Definição
Previsão	Analisar o futuro e delinear o plano de ação a médio e longo prazo.
Organização	Estruturar os recursos (humanos e materiais) exigidos para a realização do negócio.
Comando	Garantir a execução das atividades por todos os funcionários da empresa.
Coordenação	Agrupar e articular todas as ações.
Controle	Assegurar o cumprimento das metas de acordo com o que foi previamente definido.

FONTE: Elaborado com base em Fayol, 1990; Maximiano, 2000.

Os gerentes, segundo Fayol (1990), têm como funções o desempenho das atividades de planejamento, organização, comando, coordenação e controle, de tal forma que elas assumam um sequenciamento lógico. Sua teoria baseia-se também na ideia da consideração de alguns princípios essenciais para se alcançar a eficácia, tais como: divisão do trabalho; autoridade e responsabilidade; unidade de comando; unidade de direção; centralização; linha de autoridade; remuneração do pessoal; ordem (Maximiano, 2000). Tomando-se por base os escritos acerca dos princípios da administração de Henry Fayol, surgiram termos como *unidade de comando, cadeia de escalões e amplitude de controle* (Mintzberg, 1995).

2.5 Burocracia: a maquinaria racional das organizações

A burocracia é um instrumento da razão técnica que emergiu no processo de secularização ocidental. **Max Weber**, sociólogo alemão do século XIX, buscou descrever como a narrativa religiosa foi substituída pela racionalidade instrumental, ou seja, por um modo racional de pensar. A ação social passou a ser movida pelo cálculo utilitário de consequências, isto é, um meticuloso cálculo de ações para obter resultados prescritos, promovendo-se mecanicidade e previsibilidade na ação social orientada para objetivos. Sua obra foi popularizada por Talcott Parsons na década de 1940 (Maximiano, 2004), sociólogo norte-americano que, por sua vez, teve forte influência na interpretação de Weber na literatura da administração.

Max Weber

Max Weber nasceu na Prússia, em 1864 e morreu em 1920. É considerado um dos sociólogos mais influentes do século XX. Para o campo de estudos organizacionais, destacamos as obras *Economia e sociedade* (Weber, 1999) e *A ética protestante e o espírito do capitalismo* (Weber, 1981). Na primeira, o autor tratou de estruturas sociais, poder e dominação burocrática. Na segunda, abordou o processo de secularização no Ocidente. Suas contribuições para o campo da administração foram, principalmente, a descrição das estruturas burocráticas surgidas nos últimos séculos e sua narrativa sobre o surgimento do capitalismo ocidental.

Weber (1999) conceituou o que considerou o tipo puro ou ideal de burocracia (referência à pureza de uma tipologia que somente existe como abstração). A racionalização das estruturas sociais levou ao desenvolvimento de uma técnica administrativa baseada na dominação legal (Saint-Pierre, 1999), ou seja, na submissão do funcionário às vontades de seu superior hierárquico (dominador legalmente instituído), que lhe propõe ações racionais orientadas para fins (Saint-Pierre, 1999).

A estruturação burocrática dos processos é comum nas organizações modernas e revela a busca de se constituir uma máquina **impessoal**, movida por **regras** e pautada no **profissionalismo** (Maximiano, 2004).

Mal-entendidos sobre Weber na administração

Comumente nos livros de teoria geral da administração (TGA), os comentários sobre Weber induzem à errônea interpretação de que a burocracia ideal foi uma prescrição desse autor. Entretanto, Weber não prescreveu um modelo burocrático, mas o descreveu como um fenômeno ocorrido ao longo dos últimos séculos no Ocidente. O mundo ocidental estava passando por um processo de racionalização, migrando da predominância do pensamento místico e religioso para um modo racional de pensar e agir. Apesar de se manifestar como uma ferramenta administrativa do Estado moderno, suas origens lógicas residem no direito romano e se acentuam ao longo da história, como nos parlamentos inglês e francês, culminando na estrutura estatal ocidental contemporânea ao autor nos séculos XIX e XX (Weber, 1999). Weber (1981) até mesmo transpareceu certa melancolia ao concluir que a sociedade se aprisionou nos rumos de seu desenvolvimento numa gaiola de ferro imaginária chamada *racionalidade instrumental*.

O *modus operandi* racionalista da burocracia administrativa busca sublimar a subjetividade das ações, bem como empoderar verticalmente a estrutura, fazendo do último escalão hierárquico o maestro das ações de toda a organização, em convergência com os princípios gerais de administração prescritos por Fayol (1990). Desse modo, a burocracia se faz presente nas organizações formais atuais, como o Estado, as empresas e as organizações não governamentais. A racionalidade como orientadora das ações e no cálculo utilitário de suas consequências foi capaz de promover a previsibilidade e o controle dos processos administrativos, configurando a ação social como verdadeiras engrenagens regidas por um comando único que orienta as ações por meio da autoridade, da dominação e do condicionamento das pessoas nas organizações modernas.

Portanto, a burocracia administrativa desenvolvida pela razão técnica na modernidade foi capaz de mecanizar as organizações, possibilitando analisá-las como sistemas fechados, por terem seu funcionamento controlado e, portanto, previsível. Suas estruturas se guiam por uma formalização do comportamento, a fim de tornar as situações mais previsíveis e controláveis, reduzindo ao máximo seu nível de variação. A formalização do comportamento garante um alinhamento com o modelo mecanicista que propicia eficiência na produção (Mintzberg, 1995).

Produção em larga escala

Em *A riqueza das nações*, Adam Smith (2017) traz o exemplo do ofício do alfineteiro, comparando a capacidade produtiva que pode ser alcançada com a divisão do trabalho em contraste com a produtividade de um único operário trabalhando sozinho numa fábrica.

Quando há divisão do trabalho, existem atividades específicas que cada operador deve executar, depois de ser devidamente treinado e capacitado. Isto é, na produção de alfinetes, um tem a função de esticar o arame, outro deve mantê-lo devidamente reto, outro está incumbido de realizar o corte, e assim por diante, de modo a tornar a produção dividida em distintas atividades e, assim, mais dinâmica e com melhores resultados.

Em números, Smith menciona que um único operário trabalhando sozinho dificilmente poderia produzir 1 alfinete por dia. Por outro lado, verificou que, em uma pequena fábrica que contava com 10 funcionários, como resultado da divisão e especialização do trabalho, um trabalhador poderia chegar a uma produtividade de 4.800 alfinetes por dia, o que demonstra uma grande diferença de capacidade produtiva entre as duas situações (Smith, 2017).

Organizações de produção em massa que operam em ambientes menos dinâmicos se constituem estruturalmente como verdadeiras **burocracias mecanizadas**, ou seja, são administradas como sendo verdadeiras máquinas, cujo bom funcionamento depende do perfeito ajuste e da sinergia das engrenagens internas: pessoas, processos, equipamentos e materiais (Mintzberg, 1995).

Na estrutura burocrática mecanizada, em que pessoas e departamentos operam como engrenagens de uma máquina, os trabalhadores envolvidos no processo produtivo ou na prestação de serviços são caracterizados por desempenharem tarefas repetitivas e simples, com divisão de trabalho e apropriação de funções muito específicas, sem autonomia e sempre com foco na padronização. Levando-se em consideração que a coordenação dessa estrutura administrativa depende da padronização dos processos, as organizações buscam desenvolver padrões como mecanismos normativos (Mintzberg, 1995).

Foi no período da Revolução Industrial, com o advento das máquinas e seu amplo uso, que o modelo burocrático de gestão se consolidou entre as organizações de produção. As fábricas atraíram uma grande quantidade de trabalhadores, dos quais não se exigia muitas habilidades para trabalharem na operação das máquinas. Já no século XVIII, Adam Smith enfatizava a importância da divisão do trabalho. Para esse economista, a subdivisão do trabalho em diferentes operações e etapas do processo como um todo acarretou uma elevação da força produtiva. Com isso, o operário passou a ter uma ocupação específica no processo, o que gerou um aprimoramento de sua habilidade na operação desempenhada.

Além disso, uma vez dedicado a uma atividade, não havia mais perda de tempo ocasionada por mudança de operação. O trabalhador canalizava esforços para a operação de sua responsabilidade. A ampla aplicação de maquinários adequados ao processo produtivo, resultado do aprimoramento do modo de fazer, acabou funcionando como um apoio aos trabalhadores que, mais ágeis, passaram a ser capazes de desenvolver trabalho equivalente ao de mais de um operador (Smith, 2017).

Assim, a divisão do trabalho foi ganhando espaço e tornando-se mais especializada com o tempo, em decorrência da busca incessante pela eficiência por parte dos fabricantes, tornando os trabalhadores pouco autônomos e garantindo maior domínio por parte das máquinas e dos supervisores (Morgan, 1996).

Imagine uma indústria de veículos que adota uma estrutura burocrática mecanizada, por exemplo: para que seu processo seja concluído, ela demanda que um fornecedor específico lhe entregue os bancos dos automóveis. Porém, para que tenha maior controle e previsibilidade, a empresa tem preferência por fornecedores que também sigam os princípios desse enfoque – ou a própria empresa pode ser a responsável pela produção desses bancos. Isso significa que a burocracia mecanizada, por não lidar adequadamente com as incertezas do mercado, em geral procura apropriar-se da maior quantidade possível de atividades que possa desenvolver, de forma a ter o controle das ações envolvidas com a produção (Mintzberg, 1995).

Assim, podemos associar essa estrutura a uma engrenagem em operação, com previsão constante de tudo o que pode acontecer, sem possibilidade de qualquer flexibilização (Mintzberg, 1995). Nesse sentido, assume-se um controle interno bastante rígido e livre de interferências do ambiente – que é considerado estável. Uma simples pedra na engrenagem ou uma peça fora de lugar podem desestabilizar o sistema como um todo, levando-o ao colapso. Esse enfoque mecanicista e fechado impede o desenho de um plano de contingência, por exemplo, na ocorrência de imprevistos.

De acordo com Morgan (1996, p. 24), "As organizações planejadas e operadas como se fossem máquinas são comumente chamadas de burocracias", assumindo características de sistemas fechados. Preocupam-se fundamentalmente com o adequado fluxo de sua estrutura interna, condição tida como essencial para o sucesso. Por isso, podemos pensar nas organizações como aglomerados de relações mecânicas que assumem um funcionamento equivalente ao de uma máquina, ou seja, de forma rotineira, eficiente, garantida e prevista (Morgan, 1996).

2.6 Limitações para a compreensão das organizações como sistemas fechados

Conferir atenção unicamente aos aspectos operacionais internos de uma organização – como se esta fosse uma engenhosa máquina que necessita apenas de ajuste das engrenagens de seu mecanismo interno para o bom desempenho – revelou-se uma perspectiva limitada depois do colapso do modelo fordista de produção após a segunda metade do século XX, superado por modelos de gestão mais sensíveis às contingências ambientais. Para esclarecermos com ocorreu o colapso do fordismo, vamos examinar alguns aspectos contextuais do modelo de produção em larga escala.

Esse modelo de produção surgiu logo após a Primeira Guerra Mundial, em substituição ao modelo artesanal, liderado pela Europa até então (Womack; Jones; Roos, 1992). As primeiras plantas industriais da Ford para a produção de automóveis em série apresentavam integração vertical, considerada pela maioria de seus comentadores como uma característica da administração clássica. Nesse modelo, organizava-se a cadeia de produção com a mínima dependência de fornecedores externos. Entretanto, naquele contexto histórico da indústria automotiva, sob o ponto de vista produtivo, a gestão da Ford Motor Company enfrentou grandes dificuldades com outros problemas organizacionais, tais como relação com funcionários e interpretação do mercado (Womack; Jones; Roos, 1992).

Alfred Sloan, ao ser nomeado presidente da General Motors (GM), em 1919, deparou-se com desafios para que a empresa obtivesse êxito na produção em massa e assumisse a liderança no ramo. Sloan aperfeiçoou o modelo de Ford, preenchendo lacunas de falhas organizacionais. A GM viu na limitação de Ford relacionada à excessiva padronização de produtos uma oportunidade para ampliar e diversificar sua produção. Assim, a impossibilidade de a Ford atender aos desejos dos consumidores que gostariam de adquirir veículos a partir de uma maior gama de modelos para escolha fez a empresa perder mercado para montadoras estrangeiras (Womack; Jones; Roos, 1992). A emergência do sistema produtivo japonês, como o Sistema Toyota de Produção e a produção enxuta, também foi um elemento marcante para o desmoronamento do fordismo. No contexto em que o Japão introduziu esse novo modelo produtivo, a produção em massa, por si só, já não mais tinha espaço.

Em síntese, podemos entender que uma das razões que levaram ao colapso do modelo fordista foi sua **inflexibilidade**. O lançamento de novos modelos proporcionou à GM novas fatias de mercado, levando-a a assumir um papel de destaque na indústria automobilística. Além disso, vale citar a questão da **insatisfação dos operários** com o padrão de trabalho vigente na época, pois eles eram facilmente intercambiáveis e considerados meros aparatos de uma grande máquina.

O aprisionamento ao modelo burocrático torna algumas organizações incapazes de se adaptarem a tempo quando o ambiente apresenta alguma mudança que afeta seu equilíbrio interno (Hannan; Freeman, 1984). Além disso, em face de novos problemas, a organização se vê desorientada, uma vez que não dispõe de padrões definidos previamente para lidar com situações adversas, ignorando-as total ou parcialmente ou tratando-as de forma fragmentada e totalmente separada do contexto (Morgan, 1996).

Acrescentemos que a rigorosa divisão de tarefas muitas vezes resulta numa postura indesejada por parte dos trabalhadores: do tipo "isto não é minha função" (Morgan, 1996). Há aí uma miopia sistêmica. O olhar exclusivo para a função, inerente ao modelo fordista, sobrepõe e compromete o todo sempre que há uma situação não prevista, isto é, sem um responsável predeterminado para buscar a solução.

Os modelos prescritivos inspirados em sistemas fechados foram apresentados ao longo da literatura clássica como sendo a melhor forma de gestão. No entanto, apesar de suas contribuições ao campo no momento histórico em que foram propostos, tornaram-se limitados com as mudanças ocorridas na sociedade (Morgan, 1996), principalmente após a Segunda Guerra Mundial, quando houve a acentuação do processo de internacionalização das empresas.

Portanto, modelos de gestão prescritos pela Escola Clássica da Administração pressupunham que uma organização operava predominantemente como um sistema fechado. Em virtude disso, tais modelos concentraram sua atenção na eficiência operacional. Os princípios de especialização e padronização foram estabelecidos com vistas à eficiência dos recursos. Nesse contexto, percebeu-se que a burocracia, regida por um formalismo e uma impessoalidade excessivos, poderia gerar ineficiências, então denominadas por Mintzberg (1995) como *disfunções*.

No final da década de 1920, o psicólogo Elton Mayo iniciou uma pesquisa na Western Electric Company, no bairro Hawthorne, em Chicago. Inicialmente, seus estudos focaram a fadiga fisiológica gerada pelo trabalho repetitivo, produto do processo de divisão e especialização do trabalho difundido pela Escola Clássica. Entretanto, ao longo da pesquisa Mayo percebeu que os problemas desencadeados pela monotonia do trabalho eram ainda mais amplos: não apenas fisiológicos, mas também psicológicos. Como consequência, esse modelo de organização engessado, inflexível e com foco mecanicista não era capaz de esclarecer a esfera psicossocial da organização. Assim, os pressupostos extremamente racionais da administração industrial produziram efeitos indesejados nos trabalhadores, como desinteresse pelo trabalho, insatisfação e rotatividade (Mintzberg, 1995).

Assim, conhecendo as limitações dos sistemas fechados, podemos compreender a necessidade de um olhar sistêmico aberto, que considera as pressões do ambiente externo em que outros sistemas coexistem, disputam os mesmos recursos ou formam conglomerados colaborativos.

Síntese

Neste capítulo, destacamos que os sistemas fechados representam interações entre elementos com interesse mútuo e que não realizam trocas de recursos com o ambiente no qual operam (Bertalanffy, 2010). Estruturar a análise com base nessa perspectiva significa construir um esquema analítico para compreender fenômenos e interações a partir de suas operações entre os elementos internos. Nesse sentido, Boulding (1956) forneceu três níveis analíticos que instrumentalizam a compreensão de um sistema a partir de sua lógica interna: estrutural, de mecanicidade e termostato.

Vimos também que o pensamento predominante na administração clássica era o de que as organizações funcionam como se fossem sistemas fechados, focadas exclusivamente em suas estruturas e em seus fluxos internos. Entendia-se que uma organização deveria funcionar tal como uma máquina em operação, sendo toda a sua engrenagem movida pelas pessoas, consideradas meramente como aparatos do sistema.

É indiscutível que, apesar da limitação da abordagem de sistemas fechados, ela teve um importante papel no pensamento administrativo. As concepções de Taylor (1990), Ford (1964) e Fayol (1990) podem ser identificadas em qualquer organização à nossa volta. Nesse contexto, Weber (1999) descreveu como a burocracia rotiniza os processos administrativos, transformando a organização em uma máquina racional.

Também mostramos que os princípios da teoria clássica da administração evidenciam o pensamento mecanicista dos teóricos. Buscava-se o equilíbrio técnico e humano não só por meio da utilização de critérios científicos de seleção e treinamento, mas, acima de tudo, pela adequação do homem às máquinas. Com as ideias propostas pela administração científica, almejava-se única e exclusivamente aumentar a produtividade – mesmo que, para isso, fosse preciso colocar o homem como um mero aparato de uma estrutura maior: a máquina da organização (Morgan, 1996).

A principal limitação para o entendimento das organizações como sistemas fechados consiste em ignorar o meio em que elas se encontram e, consequentemente, ser incapaz de mensurar o impacto de fatores ambientais em seu equilíbrio interno de funcionamento.

Para saber mais

TEMPOS modernos. Direção: Charles Chaplin. EUA, 1936. 83 min.

O filme *Tempos modernos*, produzido, dirigido e interpretado por Charles Chaplin, foi lançado em fevereiro de 1936. Nessa obra, Chaplin interpreta como o homem vai sendo automatizado a ponto de ser considerado uma máquina. Além disso, é possível verificar a presença dos princípios de produção de Taylor e Ford discutidos neste capítulo.

Estudo de caso

Hospital S.: um sistema fechado?

Você se lembra do caso apresentado no capítulo anterior? Pois bem, vamos retomar a situação do Hospital S. Caso deseje rever os detalhes comentados, volte à seção "Estudo de caso" do Capítulo 1 e dispenda mais alguns minutos para relembrar a situação descrita.

Vejamos o que decorreu das decisões e intervenções realizadas pelo diretor Henrico Fortuna.

- As novas contratações para a recepção e a triagem não resolveram os gargalos de atendimento. Os pacientes continuaram reclamando pelos corredores, dizendo que a espera estava muito longa e que o atendimento era visivelmente desorganizado.

- Houve redução de custos e despesas em relação à alimentação de acompanhantes, uma vez que o hospital passou a contar com uma lanchonete e as refeições podiam ser escolhidas de um amplo cardápio. Com isso, reduziram-se os desperdícios, mas as economias geradas não foram suficientes para deixar o caixa positivo. Mês após mês, as receitas continuaram caindo, aumentando a necessidade de capital de giro.

- A campanha publicitária para a melhoria da imagem do hospital perante a comunidade ganhou popularidade. A marca ficou mais conhecida e passou a gerar grandes expectativas nos potenciais clientes. Entretanto, os relatos dos usuários sobre as demoras no atendimento não se esgotaram, o que gerou controvérsias em relação à campanha publicitária.

Uma nova reunião...

Tendo em vista que as ações deliberadas não foram totalmente efetivas, Fortuna convocou o Conselho Diretor e todos os chefes de setores para ouvir sugestões de soluções:

"Nesta reunião não trago soluções, elas partirão da discussão sobre nossos problemas, conjuntamente. Precisamos orquestrar nossas ações internas para que prestemos um bom atendimento."

A enfermeira-chefe logo se manifestou:

"Muito bem, então vamos colocar as cartas na mesa. Nosso atendimento tem demorado porque nossas escalas de horários estão desarticuladas. Alguns médicos não cumprem seus plantões, e as enfermeiras não têm condições de agilizar o atendimento sem a presença da equipe médica escalada."

O Dr. Coronário colocou as mãos sobre a cabeça e, demonstrando frustração e surpresa, solicitou que os médicos presentes se manifestassem sobre o cumprimento de horários.

O Dr. Geraldo, clínico geral, comentou:

"É simples, alguns de nós têm ficado além do horário estabelecido para compensar atrasos de outros. No plantão seguinte, compensamos as horas a mais do dia anterior saindo antes do horário estabelecido, pois não há condições de trabalhar tantas horas sem o devido descanso. Precisamos de rigorosidade no cumprimento de horários, principalmente as chegadas."

Um novo fluxo para o atendimento...

Todos concordaram que os gargalos decorriam do desajuste de escalas. Assim, firmaram o compromisso de cumprimento rigoroso dos horários de chegada. Em caso de atraso decorrente de atendimento emergencial em outra instituição, Fortuna seria avisado para estar a par de qualquer situação de anormalidade.

O Conselho Diretor também reformulou o fluxograma de atendimento. Mapeando-se os fluxos, ficou mais fácil identificar disfunções.

"É como se tivéssemos o manual de funcionamento de nosso atendimento", salientou o Dr. Coronário, elogiando o trabalho realizado.

Confira o fluxograma na Figura A:

FIGURA A – Fluxograma de atendimento do Hospital S.

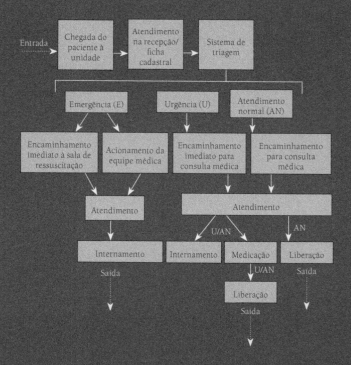

Conforme esse fluxograma, ao chegar à unidade de atendimento, o paciente deve se dirigir ao atendimento primário na recepção, para o preenchimento da ficha cadastral. Em seguida, o enfermeiro de plantão deve realizar uma avaliação do quadro clínico. Essa avaliação é denominada *sistema de triagem* e permite fazer uma análise de priorização de atendimento dos pacientes, de acordo com a gravidade dos casos. Por meio de perguntas objetivas acerca dos sintomas que o paciente apresenta, deve-se classificar essa prioridade com base na condição clínica nas seguintes categorias:

- **Emergência**: atendimento imediato (0 minuto)
- **Urgência**: atendimento prioritário (até 15 minutos)
- **Atendimento normal**: sem urgência – o paciente pode aguardar ou ser encaminhado para outros serviços de saúde (60 a 120 minutos)

No caso de uma emergência ser identificada pelo sistema de triagem, o paciente deve ser atendido imediatamente, cabendo ao enfermeiro encaminhá-lo diretamente à sala de ressuscitação com acionamento instantâneo da equipe médica. O atendimento deve ser realizado para que o paciente seja estabilizado e, em seguida, encaminhado ao setor de internamento, a fim de que possa ficar em observação por mais algum tempo, variando a permanência de acordo com a gravidade do caso e as possíveis complicações envolvidas.

Quando o paciente está enquadrado na categoria de urgência, ele deve ser encaminhado imediatamente à consulta médica. Uma vez atendido, cabe ao médico, com base nas condições clínicas do paciente, direcioná-lo ao internamento ou à medicação, antes que ele receba a liberação.

Por fim, no caso de o paciente não se enquadrar em atendimento de emergência nem de urgência, ele deve receber atendimento normal. Depois da consulta, a depender do estado do paciente, o médico deve decidir pelo internamento (casos mais raros) ou pela administração de medicamentos, seguida da liberação; também há a opção de o paciente ser liberado diretamente.

Essa categorização permitiria a obtenção de maior eficiência nos atendimentos. Ficou combinado, também, que, caso houvesse alguma mudança na condição clínica de algum paciente, seria preciso informar os responsáveis, para que este receba uma nova classificação de prioridade de atendimento.

Outras decisões do grupo...

Na reunião, também ficou definido que haveria a suspensão da campanha publicitária, pois os participantes julgaram que a solução dos problemas seria garantida pelo ajuste dos fluxos internos.

A queda dos gastos com alimentação foi vista de forma positiva, e a contadora salientou que ouviu elogios sobre a qualidade das refeições vendidas na lanchonete. Uma amiga lhe confidenciara que havia gostado da possibilidade de comprar uma refeição de qualidade e à sua escolha, além de ter comentado sobre a boa localização da lanchonete. Porém, o pai dessa amiga, paciente que tinha ficado internado por seis dias, afirmara que nem sempre os cardápios servidos estavam a contento: alguns dias estavam muito bons e os alimentos eram servidos em quantidade suficiente; já em outros dias as refeições estavam insossas e em quantidade que lhe pareceu insuficiente.

Uma análise sistêmica... Agora é com você!

As coisas estão realmente em plena mudança no Hospital S., pois o Conselho Diretor está identificando disfunções importantes na instituição, e isso está sendo possível pelo fato de estarem observando seu funcionamento como se fosse um sistema fechado. Desse modo, as coisas vão melhorar, se as engrenagens internas forem ajustadas, ou seja, se os departamentos estiverem alinhados, permitindo que o fluxo de atendimento seja realizado de forma previsível.

Diante disso, analise quais são os possíveis impactos dessas decisões, identificando seus pontos positivos e/ou negativos ao considerarmos essa organização sob o nível analítico de sistema fechado e que busca estabilidade e previsibilidade nos fluxos de trabalho.

Questões para revisão

1. Identifique os elementos internos de uma empresa e descreva suas interações a partir de suas operações, caracterizando-a como um sistema fechado.

2. Com base no contexto da resposta à questão anterior, responda: Quais são as limitações em se caracterizar uma empresa como um sistema fechado?

3. Marque a alternativa correta:
   a) Uma organização se configura como um sistema fechado em razão das interações com fornecedores, das reações às estratégias dos concorrentes e da venda de produtos ao mercado consumidor.

b) A burocracia foi um modelo de gestão idealizado por Max Weber com vistas a melhorar o desempenho das indústrias no final do século XIX.

c) Frederick Taylor e Henry Fayol são representantes de um pensamento mecanicista, pois elaboraram princípios universalizáveis de gestão que presumiam a possibilidade de prever os resultados.

d) Uma estrutura burocrática apresenta ganhos de produtividade em virtude da capacidade de rápido ajuste da máquina produtiva em face das contingências.

4. Assinale com V as assertivas verdadeiras e com F as falsas.

( ) A ciência clássica é considerada cartesiana pelo fato de observar os fenômenos da realidade considerando o contexto em que ocorrem.

( ) Uma estrutura burocrática é caracterizada pela racionalização dos processos e pela consequente especialização do trabalho.

( ) Considerar uma organização como um sistema fechado é fazer uso de um esquema analítico que isola os elementos interativos de seu contexto externo.

( ) Ludwig von Bertalanffy caracteriza os sistemas fechados como aqueles que não realizam trocas de recursos com o ambiente externo ao sistema.

Agora, marque a alternativa que apresenta a sequência correta:

e) F, V, F, F.

f) V, F, V, F.

g) F, V, V, V.

h) V, V, F, V.

5. Marque a alternativa correta:

a) Ludwig von Bertalanffy e Kenneth Boulding são considerados teóricos da Escola Clássica da Administração por terem teorizado sobre sistemas fechados.

b) A administração clássica tem caráter prescritivo por presumir princípios de gestão universais.

c) Um sistema fechado apresenta um funcionamento previsível em virtude da previsibilidade do comportamento de suas interações com sistemas externos à sua estrutura.

d) Na obra *Teoria da burocracia: princípios e fundamentos*, Weber propôs os princípios de administração que influenciam o pensamento da gestão até os dias atuais.

Questões para reflexão

1. Que implicações a divisão do trabalho trouxe para o campo organizacional? Em sua reflexão, considere como a divisão racional do trabalho acarreta ganhos de produtividade ao seu trabalho.

2. Quais seriam as limitações observadas se tomássemos as organizações atuais como sistemas fechados?

3

Organizações como sistemas abertos

Conteúdos do capítulo:

- Características dos sistemas abertos.
- Metáfora das organizações como organismos vivos.
- Contribuições dos sistemas abertos para o campo da administração.

Após o estudo deste capítulo, você será capaz de:

1. descrever os sistemas abertos e compreender a metáfora das organizações como organismos vivos;
2. perceber a relevância do pensamento sistêmico ao tratar de organizações e ambiente;
3. explicar como os sistemas abertos contribuíram para o campo da administração.

3.1
Introdução

As organizações estabelecem complexas interações com o ambiente no qual se encontram. Desse modo, encará-las como meras máquinas para buscar um ajuste perfeito demonstrou ser uma perspectiva insuficiente. Assim, passaram a ser compreendidas como sistemas abertos, que realizam trocas materiais e simbólicas com o ambiente. Neste capítulo, examinaremos as organizações em seu contexto e em suas interações sistêmicas com o ambiente.

Atualmente, seria descabido administrar sem considerar a complexidade do ambiente externo. Porém, como discutimos no capítulo anterior, pensar uma organização como um sistema aberto passou a fazer mais sentido após o colapso do pensamento mecanicista da administração clássica, que predominou até a metade do século XX.

Para os teóricos da Escola Clássica da Administração, o melhor resultado que se poderia esperar de um administrador era a obtenção de eficiência por meio do ajuste perfeito da máquina produtiva. Entretanto, observando-se o comportamento das empresas, tornou-se cada vez mais notável que o sucesso, além da eficiência operacional interna, dependia também do ajuste em relação a fatores externos à organização. Assim, a partir da segunda metade do século XX, sob uma forte influência da teoria geral dos sistemas (TGS), estudiosos do campo da administração buscaram entender as forças ambientais que impactavam e até mesmo condicionavam as decisões do administrador.

O colapso do fordismo representou uma transição da compreensão da organização como um sistema fechado para o entendimento de que ela é um subsistema que interage com outros subsistemas, formando sistemas maiores. O enfoque sistêmico das organizações, que tem suas bases nas ideias de Ludwig von Bertalanffy, presume que, uma vez que a organização e suas partes – indivíduos e grupos que a compõem – têm necessidades a serem atendidas, é essencial considerar o ambiente em que tais elementos se inserem. Essa concepção de sistemas assume que as organizações, assim como os organismos, são abertas e estão em constante relação com o ambiente. Por isso, para garantirem sua sobrevivência, elas precisam desenvolver uma boa relação com o ambiente (Morgan, 1996).

Assim, tempos depois da adoção da perspectiva dos sistemas mecanicistas, que apresentavam uma estrutura rígida, fechada e de comportamento limitado, surgiu a perspectiva dos sistemas abertos, que mudou a maneira de enxergar as organizações. A rigidez prévia foi cedendo lugar a uma abordagem mais flexível, e a visão interna sobre a estrutura foi, pouco a pouco, sendo pensada de forma mais ampla (Scott, 2003).

3.2 Considerações gerais acerca dos sistemas abertos

Em virtude de sua formação em biologia, Bertalanffy (2010) apreendia a realidade pela organicidade de seus elementos, a exemplo da forma como os seres vivos se constituem e interagem. Para o autor, a grande diferença entre um organismo vivo e um organismo morto estava na ordenação da grande variedade de processos físico-químicos que fazem o sistema funcionar de forma adequada. Essa ordem deveria ser explicada com base em algum modelo, sendo que o adotado tradicionalmente foi o da máquina, segundo o qual o ser nada mais é do que uma complexa obra de relojoaria. A metáfora da máquina (sistema fechado) se revelou limitada para explicar a complexidade das interações entre elementos internos e externos e, assim, a ordem e a interdependência de relações deveriam ser explicadas com base em algum modelo distinto da analogia de máquinas vivas (Bertalanffy, 2010).

Essa presunção de que um ser nada mais é do que uma complexa máquina foi amplamente adotada pela administração clássica ao tratar das organizações. Como já mencionamos, essa abordagem mecanicista se provou tão limitada quanto seu uso na biologia. Bertalanffy, então, começou a delinear o **enfoque organísmico** (Figura 3.1), levando a um deslocamento da visão para um olhar mais amplo, enxergando o organismo como um sistema aberto (Bertalanffy, 2010). Tal concepção viria depois a ser utilizada no campo das organizações.

Figura 3.1 – Transição da forma de análise

Abordagem mecanicista $\Longrightarrow$ Abordagem organísmica

Fonte: Elaborado com base em Bertalanffy, 2010.

A ciência clássica utilizava técnicas analíticas oriundas do pensamento cartesiano para a construção do conhecimento. Como consequência, até o início do século XX, o conhecimento científico apresentava-se de forma segmentada por campos do saber, mesmo quando o objeto investigado era comum a várias áreas, produzindo-se, assim, conhecimentos independentes sobre as mesmas coisas. Isso acontecia porque, para investigar um fenômeno, cada campo científico selecionava apenas os elementos reconhecidos pelos seus próprios constructos teóricos. Logo, havia uma multiplicidade de verdades distintas sobre um mesmo fenômeno.

Ao propor uma lógica sistêmica aberta, Ludwig von Bertalanffy (2010) e Kenneth Boulding (1956) provocaram os cientistas com relação à possibilidade de construção de conhecimento multidisciplinar, agregando contribuições de vários campos do saber para a construção de um conhecimento mais robusto sobre os fenômenos da realidade e sua interação com o contexto. Foi a partir da ideia de que o organismo se configura como um sistema aberto, que permuta matéria com o ambiente, que surgiu a teoria dos sistemas abertos (Bertalanffy, 2010).

Assim, quando se passou de um sistema mecânico para um orgânico, as partes que compunham esse sistema ganharam em complexidade e variedade. Vale citar, ainda, que a própria dinâmica da relação entre as partes também sofreu alterações. Foi Boulding quem teorizou acerca da classificação dos sistemas com base em seu nível de complexidade (Scott, 2003). Em face da emergência da perspectiva de sistemas abertos, as organizações passaram a ser vistas como sistemas de atividades interdependentes, o que conduziu a uma elevação dos níveis de análise (Scott, 2003).

3.3 A metáfora das organizações como organismos vivos

As organizações podem ser compreendidas metaforicamente como organismos vivos. Assim como determinadas espécies se adaptam melhor a certos ambientes, as organizações também se adéquam aos seus ambientes para sobreviver (Morgan, 1996). Por exemplo, empresas burocráticas se adaptam melhor a ambientes estáveis, em contraste com empresas altamente tecnológicas e inovadoras, que enfrentam melhor condições ambientais de instabilidade e competitividade. Dese modo, nesta seção, vamos abordar alguns *insights* suscitados pela biologia no âmbito da teoria das organizações.

O primeiro deles diz respeito à consideração dos trabalhadores não mais como meros aparatos, mas como pessoas com necessidades a serem satisfeitas e que devem ser constantemente motivadas e recompensadas, alinhando-se objetivos pessoais e profissionais. Um importante estudo nesse sentido foi o desenvolvido por Elton Mayo (2003) na fábrica da Western Electric Company, no bairro Hawthorne, em Chicago, nos Estados Unidos, no ano de 1927. Os resultados levaram a administração a se deslocar da perspectiva taylorista, com foco meramente técnico de análise das condições de trabalho, para um olhar mais amplo, que passou a considerar as relações sociais que interferiam no ambiente de trabalho. Com a proposição de que as relações informais poderiam coexistir com as formais, os estudos em Hawthorne desestabilizaram os paradigmas da Escola Clássica, o que fez emergir a preocupação com os elementos humanos e sociais nas organizações produtivas.

Nesse contexto, percebeu-se a importância de integração entre as necessidades individuais e as organizacionais. Esse foi um campo fecundo para as teorias da motivação, como a hierarquia das necessidades de Abraham Maslow (1943), a teoria dos dois fatores de Frederick Herzberg (1974) e, ainda, a abordagem X e Y de Douglas McGregor (1999). A situação se tornou favorável ainda às ideias de psicólogos organizacionais, que passaram a influenciar o surgimento de novas formas de organização – mais flexíveis, abertas e participativas – em oposição ao modelo mecanicista e engessado da Escola Clássica da Administração. Estes foram os pilares da fundação do campo da administração de recursos humanos, no qual os empregados passaram a ser vistos como um importante capital intelectual da empresa (Morgan, 1996).

De 1960 a 1970, atenção especial foi dada ao planejamento do trabalho, de forma a atender às necessidades dos indivíduos, que, uma vez satisfeitos e motivados, produziam mais e melhor. A concepção de organizações como **sistemas sociotécnicos** surgiu, então, em decorrência da atenção dada aos aspectos técnicos e humanos. A ideia de sistemas abertos derivada dos sistemas biológicos passou a ser aplicada no contexto das organizações, entendidas como sistemas interagentes e interdependentes, adotando-se alguns **princípios da biologia** (Morgan, 1996), a saber:

- homeostase;
- entropia e entropia negativa;
- estrutura, função, diferenciação e integração;
- variedade de requisito;
- equifinalidade;
- evolução do sistema.

Todo sistema orgânico mantém um sistema de trocas contínuas com o ambiente em que se insere, o que é essencial para sua sobrevivência e para seu processo de automanutenção.

Portanto, os sistemas vivos se configuram como abertos, cuja dinâmica funciona a partir de entradas, transformações, saídas e processos de *feedback*. Nesse sentido, ambiente e sistema interagem e dependem um do outro (Morgan, 1996). Tal como o organismo vivo caracterizado como um sistema aberto, composto de diversos elementos em interação interna e com o ambiente externo, uma organização também pode ser assim entendida ao identificarmos que as pessoas e os departamentos exercem funções distintas na consecução de objetivos empresariais comuns a todos, interagindo internamente e externamente de forma adaptativa e/ou transformadora do ambiente. Como um sistema em busca de equilíbrio funcional, há mecanismos de regulação que permitem superar as instabilidades e viabilizar adaptações que garantam a sobrevivência e a consecução de objetivos sistêmicos.

A **homeostase** refere-se ao processo de autorregulação e manutenção do equilíbrio, ou seja, ao processo de regulação e controle do sistema como um todo a partir da retroalimentação. O que isso significa? A homeostase representa uma ação de correção em resposta a um desvio ou falha do sistema. Podemos pensar a homeostasia no organismo vivo como o processo de combate à febre na busca do reequilíbrio do sistema, por exemplo. Quando o corpo percebe uma elevação da temperatura acima do normal, logo ocorrem respostas sistêmicas, no corpo inteiro, em busca do restabelecimento do estado normal. Analogamente, podemos transpor esse conceito para o contexto organizacional: um problema, ao ser identificado, logo gerará respostas de toda a organização à procura de soluções (Morgan, 1996). Em suma, os sistemas abertos, ao realizarem homeostase, buscam a adaptação em resposta às mudanças que ocorrem em seus ambientes, com vistas a garantir sua sobrevivência.

Outro importante princípio de autorregulação é a **entropia**, uma espécie de medida que mensura o grau de desordem de um sistema. Trata-se de um conceito referente à Segunda Lei da Termodinâmica (Georgescu-Roegen, 2012). A entropia é **positiva** quando a desordem de um sistema fechado é crescente. Logo, a entropia é **negativa** quando esse sistema está cada vez mais ordenado e com funcionamento mais estável (Georgescu-Roegen, 2012; Wiener, 1968). Desse modo, por não corresponderem aos estímulos do ambiente, as organizações que se comportam como sistemas fechados tendem à entropia positiva e, consequentemente, à autodestruição. Por sua vez, as organizações que interagem com o ambiente, correspondendo às mudanças externas, tendem a não apresentar colapsos funcionais, pois têm comportamento adaptativo, ou seja, apresentam entropia negativa (Morgan, 1996). Portanto, é desejável que as empresas apresentem entropia negativa, isto é, que se mantenham operando e interagindo com ambientes dinâmicos sem prejuízos ao equilíbrio funcional interno.

Gareth Morgan (1996) também relaciona o funcionamento de uma organização com os princípios de **estrutura, função, diferenciação** e **integração** de um sistema orgânico, em que os elementos com diferentes atribuições funcionais se integram formando uma estrutura dinâmica e estável. Em associação às ideias de diferenciação e integração, o autor faz referência ao princípio de **variedade de requisito**, cuja essência diz respeito ao fato de que os mecanismos internos de regulação de um sistema devem ser sensíveis às mudanças do ambiente em que este se insere. Se um sistema não se comunicar com as variáveis externas a ele – ou seja, se entrar em um processo de entropia positiva –, provavelmente passará por um colapso estrutural, perdendo função a função, até sua extinção (Morgan, 1996).

É por isso que uma empresa deve planejar a forma como se comunicará com o mercado com vistas a não deixar de corresponder às suas alterações e exigências. Quanto mais complexo for o mercado em que uma empresa está atuando, mais refinados e variados deverão ser os mecanismos de comunicação e troca de informações utilizados. Isso impede que a empresa opere apenas resolvendo problemas que poderiam ter sido evitados mediante a adoção de bons mecanismos de comunicação com o mercado. Desse modo, é possível que o sistema organizacional desenvolva planos de contingência para atravessar turbulências externas sem afetar seu equilíbrio funcional.

Os seres vivos apresentam capacidades de adaptação que lhes permitem sobreviver em ambientes similares utilizando de formas diferentes os recursos disponíveis. À possibilidade de diferentes sistemas atingirem os mesmos resultados utilizando os mesmos recursos de formas diferentes dá-se o nome de **princípio de equifinalidade** (Bertalanffy, 2010; Morgan, 1996). Ora, se as organizações são análogas a sistemas abertos, esse princípio explica por que, em um mesmo ambiente, notamos uma diversidade de organizações que articulam seus recursos de formas distintas umas das outras, mas obtêm resultados parecidos – como o mesmo índice de produtividade ou de lucratividade. Portanto, é preciso notar que não existem estratégias prontas para o sucesso empresarial, isto é, cada organização busca atingir a entropia negativa variando sua forma de se comunicar com o ambiente; mesmo que apresentem estratégias distintas, as empresas podem competir de igual para igual em determinado setor.

Em razão desse esforço adaptativo que configura uma estratégia de sobrevivência, é possível haver **evolução do sistema**. Na biologia, existe o princípio de que os sistemas evoluem do simples para o complexo, e esta é uma característica marcante do pensamento sociológico positivista que, comparando a ordem social à ordem biológica, inspirou as teorias administrativas funcionalistas. Nessas correntes de pensamento, por princípio, as organizações produtivas vão se tornando cada vez mais complexas – condição para permanecerem num ambiente também volátil. Da mesma forma que algumas espécies de seres primitivos conseguiram se adaptar às mudanças ambientais e se tornaram criaturas complexas, as organizações seguem uma rota evolutiva e apenas permanecem em operação se acompanham as complexas mudanças que ocorrem no mercado. Esse processo de evolução está associado a um processo cíclico de variação, seleção e retenção de características (Morgan, 1996).

Alguns teóricos acreditam que as organizações se adaptam às mudanças do ambiente; consequentemente, vão se tornando mais complexas e conseguem sobreviver. Essa concepção é inspirada no darwinismo, uma vez que, assim como no processo de evolução das espécies, apenas as organizações mais bem adaptadas permanecerão no ambiente (Morgan, 1996). Poderíamos pensar, então, que as empresas que não se adaptarem às pressões estabelecidas pelo ambiente atual fatalmente acabarão como "espécies" em extinção. Atualmente, a tecnologia impõe novos padrões de consumo, o que exige das organizações uma adaptação ao seu ambiente macro – tecnológico, social, cultural etc.

Organizações e ambientes estão em constante relação e troca, influenciando-se mutuamente. Assim como na natureza existem relações de simbiose, as organizações de um mesmo setor também podem atuar de forma conjunta e cooperativa (Morgan, 1996). É bastante comum que empresas de turismo, por exemplo, operem de forma colaborativa e em rede com outras organizações relacionadas ao mesmo setor, tais como hotéis, locadoras e seguradoras, prestando serviços de forma associativa e/ou colaborativa.

Em suma, a consideração do ambiente e das relações existentes entre ele e as organizações, bem como o foco nas necessidades organizacionais com vistas à sobrevivência opõem-se ao enfoque mecanicista e de sistemas fechados tratado no capítulo anterior. Essa atenção dada às necessidades das organizações possibilita que elas sejam vistas como processos de interação interna e externa, em que cada subsistema deve ter suas demandas atendidas (Morgan, 1996).

3.4 Características dos sistemas abertos

Depois de examinarmos a metáfora das organizações como sistemas vivos, de Morgan (1996), cabe resgatar a ideia de Bertalanffy (2010) de que o organismo vivo apresenta um estado característico de um sistema aberto – concepção adotada pelo autor na década de 1930. O organismo vivo mantém-se em constante troca de materiais com o ambiente, num processo contínuo de formação e quebra de componentes (Bertalanffy, 1950).

Como ressaltamos nos capítulos anteriores, antigamente o campo da físico-química se dedicava aos denominados *sistemas fechados* – cujas reações levam ao equilíbrio. Em contrapartida, os sistemas orgânicos nunca atingem o verdadeiro equilíbrio. Essa certeza fez surgir um olhar mais amplo do que aquele da física e da química – passou-se, então, a considerar os sistemas abertos e seus princípios norteadores (Bertalanffy, 1950).

Para os sistemas abertos, a troca de recursos com o ambiente é condição essencial de existência. Pelo fato de nunca atingirem o verdadeiro equilíbrio, os sistemas abertos procuram a estabilidade por meio de ajustes contínuos com o ambiente, que nunca é completamente estável. Essa tendência à estabilidade é que rege o funcionamento pouco previsível dos sistemas abertos – dizemos *pouco previsível* por conta da complexidade e das distintas naturezas das interações existentes com outros sistemas, que impossibilitam a definição de uma única lei que dite todo o seu funcionamento (Bertalanffy, 2010).

A equifinalidade é um importante princípio derivado dos sistemas biológicos que passou a ser aplicado no contexto das organizações. Apesar de esse princípio ter sido descrito anteriormente, vale ressaltar: enquanto em sistemas fechados o estado final é dado pelas condições iniciais, nos sistemas abertos, que trocam materiais com o ambiente, é possível atingir o estado final a partir de distintos inícios e meios, ou seja, o fim independe das condições iniciais. A equifinalidade é um princípio característico de sistemas vivos (Bertalanffy, 1950).

Retomemos a hierarquia de complexidade proposta por Boulding (1956). O autor tipifica os três primeiros níveis (os quais já comentamos no capítulo anterior) como sistemas fechados, sendo que do quarto ao nono nível os sistemas são considerados abertos. A complexidade dos níveis propostos é progressiva e aumenta de forma significativa a partir do quarto, quando é necessário considerar o ambiente como parte interagente do sistema. A seguir, observe as metáforas elaboradas por Boulding (1956) para cada um dos níveis que são tipificados como sistemas abertos:

- Nível 4: Célula
- Nível 5: Genético-societal
- Nível 6: Animal
- Nível 7: Humano
- Nível 8: Sócio-organizacional
- Nível 9: Sistemas transcendentais

Ao se referir ao quarto nível analítico, o autor destaca que tal nível representa onde a vida se diferencia da não vida (característica dos três primeiros níveis), nomeando-o **célula**. Esse nível, portanto, diz respeito aos sistemas que são capazes de se reproduzir e de manter um fluxo contínuo de matéria e energia com o meio, sendo, pois, inegável seu caráter aberto e de natureza vital. Isso significa que se percebe uma capacidade de automanutenção estrutural do sistema, bem como sua interação com outros sistemas (Boulding, 1956).

O quinto nível é nominado como **genético-societal** e caracteriza-se por uma divisão de trabalho funcional entre sistemas, com vistas à formação de comunidades interdependentes (Boulding, 1956). O autor associa esse nível com o mundo da botânica, a exemplo da interdependência das diversas partes que formam uma planta. Sabemos que cada elemento de uma planta desempenha uma função: a folha realiza a fotossíntese e a respiração; as raízes fixam a planta ao solo e absorvem nutrientes para a sua sobrevivência; o caule sustenta a planta e transporta os nutrientes absorvidos. Assim, cada parte desempenha uma função que se soma ao todo na manutenção de sua existência.

O sexto nível, chamado de **animal**, tem como características maior mobilidade e um comportamento voltado a um objetivo predefinido. Há desenvolvimento de receptores especializados de informação, tais como olhos e ouvidos, e de sistemas nervosos, com especial enfoque ao cérebro, que organiza as informações captadas. O padrão de comportamento desses sistemas é imprevisível (Boulding, 1956).

Avançando na escala de complexidade analítica, Boulding (1956) chega então ao sétimo nível: **humano**. As características aqui encontradas são praticamente todas as do nível animal, com o acréscimo, entretanto, da autoconsciência de existência, da percepção de si, da racionalidade e da apreensão de leis de funcionamento de outros sistemas. A linguagem e o simbolismo, bem como a noção de tempo e de relacionamento, mostram-se fatores cruciais na determinação das características particulares dos sistemas humanos (Boulding, 1956).

A separação entre os níveis sete e oito de Boulding (1956), ou seja, entre o nível humano e o **sócio-organizacional**, não é clara, evidenciando uma relação simbiótica entre ambos. Entretanto, o nível sócio-organizacional consiste nas interações de sistemas de indivíduos e na relação entre suas interpretações mútuas, formando interações simbólicas. A imagem simbólica é essencial no comportamento humano, e o homem pode ser considerado um sistema dentro de um sistema sócio-organizacional maior. Esse amplo sistema sócio-organizacional tem como unidade não o ser humano individual, mas o papel que este desempenha (Boulding, 1956). Sob esse enfoque, a organização é vista como uma grande inter-relação de comportamentos (Motta, 1971).

Por fim, Boulding (1956) identifica o último nível analítico: os **sistemas transcendentais**. É nesse nível que estão delineadas as fronteiras do conhecimento possível acerca das interações entre macrossistemas.

Assim, podemos afirmar que a perspectiva de sistemas abertos passou a ganhar notoriedade e a alterar em grande escala a concepção antiga de organização. Esse novo olhar deu especial atenção à complexidade e à variabilidade das partes, sejam indivíduos, sejam subgrupos do grande sistema organizacional. Entendeu-se que as organizações não só a criam e agem, mas também sofrem influência e se apropriam de informações e significados do ambiente em que se inserem.

A interdependência da organização com seu ambiente é central na perspectiva de sistemas abertos. O ambiente é considerado a grande fonte de materiais, energia e informação para o sistema, que depende disso para a sua sobrevivência (Scott, 2003).

Convém agora tratar de alguns aspectos do modelo conceitual proposto por Daniel Katz e Robert Kahn, que fizeram uso de um esquema analítico estrutural e funcional pautado na teoria dos sistemas abertos. Segundo Scott (2003, p. 84, tradução nossa), "a introdução mais sistemática de conceitos e modelos de sistemas abertos na teoria da organização foi fornecida por Katz e Kahn (1978)", em seu importante livro *Psicologia social das organizações* (1966) (em inglês, *The Social Psychology of Organizations*).

O modelo teórico adotado por Katz e Kahn para analisar as organizações é o de um sistema com ciclos repetidos de **entrada** (*input* – importação de energia), **processamento/ transformação**, **saída** (*output*) e novas entradas e **ciclos de eventos** (Katz; Kahn, 1966). O ciclo de eventos pressupõe o resgate da energia exportada ao ambiente como um novo *input* ao sistema (Motta, 1971; Motta; Vasconcelos, 2002).

As organizações sociais se configuram como sistemas abertos na medida em que a dinâmica de fluxos de entrada e saída de energia, com reinício do ciclo, caracteriza-se como um processo de comunicação entre a organização e o meio ambiente no qual ela está inserida (Katz; Kahn, 1966). Abbott (1967) comenta que Katz e Kahn, ao pensarem os sistemas abertos com uma ênfase cíclica, analisaram as organizações como subsistemas de outros sistemas mais amplos, com os quais interagem através do fluxo de energia.

Com relação ao processo de *input*/importação de energia, Katz e Kahn (1966) enfatizaram que nenhuma estrutura social é autossuficiente e que, portanto, as organizações constantemente demandam fluxos de entrada de energia renovados do meio ambiente ou de outros sistemas. Quanto à etapa de transformação, assim como o corpo processa determinados componentes – por exemplo, transforma carboidrato em energia –, uma organização processa materiais, desenvolve pessoas ou novos produtos. O produto da transformação é então lançado ao ambiente (*output*). Por exemplo, ao apresentar ao mercado um novo produto, uma organização obtém um retorno em dinheiro, o qual subsidiará a obtenção de novos insumos que possibilitarão o reinício de um novo ciclo de eventos (Katz; Kahn, 1966).

Além desses elementos, também são característicos dos sistemas abertos princípios como: entropia negativa; *input* de informação e retroinformação; homeostase; diferenciação; e equifinalidade (Katz; Kahn, 1966). Alguns desses princípios foram descritos ao tratarmos da metáfora das organizações como organismos vivos, de Morgan (1996), mas cabe aqui retomá-los sob a perspectiva de Katz e Kahn (1966).

A **retroalimentação** (*feedback*) é uma dinâmica de adaptação do sistema em resposta a informações recebidas (Katz; Kahn, 1966). Para Norbert Wiener (1968, p. 17), a informação nada mais é do que "o conteúdo daquilo que permutamos com o mundo exterior ao ajustar-nos a ele, e que faz com que nosso ajustamento seja nele percebido". Isto é, a partir dessa constante troca de informações, adaptamo-nos ao ambiente. Os estudos de Wiener e colaboradores, no período da Segunda Guerra Mundial, mostraram-se marcantes para o princípio da cibernética[1] e evidenciaram a relevância do processo de troca de informações e do *feedback* negativo no controle de autorregulação (Morgan, 1996).

O processo de retroalimentação se refere à entrada de determinadas informações que cientificarão o sistema sobre seu

---

1 A cibernética surgiu do desafio "de como cientistas especializados em matemática, teoria da comunicação, engenharia, ciência social e medicina combinaram as suas habilidades e descobertas para criar máquinas com a capacidade adaptativa dos organismos" (Morgan, 1996, p. 89). De acordo com Morgan (1996, p. 88), "A cibernética é uma ciência interdisciplinar relativamente nova que tem como foco o estudo da informação, comunicação e controle. O termo foi cunhado em 1940 pelo matemático Norbert Wiener". Ao definir originalmente a cibernética, Wiener (1968) o fez de forma integrada à comunicação e ao controle.

funcionamento em relação ao ambiente – ou sobre o próprio ambiente –, permitindo que respostas sejam dadas a fim de corrigir possíveis problemas de funcionamento. Esse processo possibilita que se faça uma manutenção do sistema – dinâmica conhecida como **homeostase** (Katz; Kahn, 1966).

Vamos exemplificar o funcionamento de um mecanismo de *feedback* utilizando a biologia: pensemos no funcionamento da glândula tireoide, muito importante para o metabolismo do corpo humano. Quem controla a produção dos hormônios da tireoide é a hipófise, uma glândula localizada na parte inferior do cérebro e que é responsável pelo controle da produção de outros hormônios liberados pela tireoide. De forma sistêmica, a hipófise recebe a informação sobre os níveis de hormônios da tireoide que estão circulando no sangue e ajusta, estimulando ou não, sua produção.

O *feedback* também acontece no sistema organizacional, informando o sistema acerca de desvios e corrigindo-os para que o equilíbrio seja novamente estabelecido. Em uma empresa, podemos exemplificar o desvio como um produto final que não apresenta os padrões previamente definidos. Assim, ao passar pelo controle de qualidade, percebe-se a falha em um produto – por exemplo, falta de uma peça, tamanho ou cor inadequados etc. Com essa sinalização, logo o sistema por completo é informado sobre perdas no processo decorrentes de inadequações ao padrão e, assim, passa a agir de forma corretiva. Outro exemplo poderia ser o resultado de um relatório solicitado por um líder a um indivíduo de sua equipe ou o próprio processo de avaliação de desempenho. Quando a expectativa de trabalho não for atendida, caberá ao líder conversar com o responsável, informando os pontos que precisam ser corrigidos.

As organizações como sistemas abertos mantêm sua ordem interna e existência através de uma captação de energia do ambiente realizada em volume maior do que seu "gasto", processo este denominado de **entropia negativa**, como já mencionamos. Lançando mão desse mecanismo, os sistemas lutam contra sua completa desordem e destruição, ou seja, contra a entropia (Katz; Kahn, 1966). Nesse sentido, a fim de evitar seu processo entrópico, o sistema mantém um fluxo contínuo de energia com o ambiente (captação e liberação). Como resposta à entropia negativa, o sistema, que pode ser pensado na figura de uma organização, **diferencia-se** por meio do aumento e da criação de funções (Motta, 1971; Motta; Vasconcelos, 2002), isto é, da criação de departamentos e setores específicos e novos que contribuam para a manutenção de sua ordem.

A **equifinalidade**, por sua vez, refere-se ao entendimento de que não há uma única forma de se alcançar o estado estável. Pelo contrário, esse princípio assume que condições iniciais distintas podem levar a um mesmo fim (Katz; Kahn, 1966) e, sob essa ótica, representa uma crítica ao pressuposto de Taylor acerca da ideia de *one best way,* ou seja, de que haveria uma única melhor maneira de se atingir um resultado (Motta, 1971; Motta; Vasconcelos, 2002).

As tradicionais teorias das organizações entendiam uma empresa como um sistema fechado, e as influências ambientais deixavam de ser consideradas. O foco estava nos processos internos, e não se compreendia a dinâmica de *feedback,* que, como discutimos, é um princípio fundamental para a sobrevivência do sistema (Katz; Kahn, 1966).

A seguir, apresentamos, no Quadro 3.1, um compilado das principais características dos sistemas abertos, de acordo com Katz e Kahn (1966).

Quadro 3.1 – Características dos sistemas abertos

Características	Descrição
Entrada	É a importação de energia. A organização recebe do ambiente insumos necessários ao seu funcionamento.
Processamento/ transformação	São os processos produtivos para que o insumo seja transformado em produto acabado ou para que pessoas sejam desenvolvidas e serviços sejam prestados.
Saída	É a exportação da energia. A organização, depois de produzir, coloca no ambiente o produto acabado/resultado.
Ciclos de eventos	A energia exportada ao ambiente retorna à organização para que o ciclo recomece.
Entropia negativa	Refere-se à ação para evitar a destruição do sistema.
Feedback negativo (input de informação)	Corresponde à possibilidade de que a organização aja para corrigir possíveis desvios detectados, em resposta ao ambiente.
Homeostase	Refere-se à manutenção da estabilidade.
Diferenciação	Consiste na ampliação e no desenvolvimento de novas funções.
Equifinalidade	Corresponde à possibilidade de atingir um estado estável a partir de distintas condições iniciais.

Fonte: Elaborado com base em Katz; Kahn, 1966.

Assumimos, então, que o processo de entrada se refere à importação de energia do ambiente. Trazendo esse conceito para o âmbito dos sistemas organizacionais, podemos pensar as entradas/*inputs* de energia como as matérias-primas provenientes de fornecedores ou a mão de obra, por exemplo, que se encontram no ambiente. Na organização, a matéria-prima passa pelo processo de transformação, para que novos produtos sejam criados e lançados ao mercado (*output* para o ambiente).

Desse modo, uma organização produtiva caracteriza-se como um sistema de processos cíclicos. Para tanto, precisa continuamente repetir o processo de produção e colocação de produtos no mercado, o que exige comunicação e alinhamento constantes com o meio e seus subsistemas. Em muitas empresas, o novo fluxo de *input* ao sistema ocorre por meio de resultados convertidos em dinheiro (Katz; Kahn, 1966). As informações obtidas com as respostas às saídas ao ambiente podem ser detectadas pelo sistema, que se ajusta às demandas. Assim, simplificadamente, podemos pensar nos sistemas como conjuntos de entrada, transformação, saída e *feedback*.

Em suma, Katz e Kahn (1966) evidenciam, com seu modelo analítico, o fato de a organização realimentar-se com a energia colocada no ambiente, o que impede seu esgotamento e possibilita a obtenção de informações do ambiente através de seu funcionamento. Aqui podem ser identificados elementos das correntes de administração estratégica que presumem ser necessária a compreensão do ambiente para que a organização se prepare para as ameaças e aproveite as oportunidades. Também é importante considerar a relação constante que a organização deve manter entre a entrada e a saída de energia – o que por vezes demanda uma readequação de funções –, bem como a inexistência de uma forma fixa e única de se alcançar o estado estável (Motta, 1971).

3.5 Contribuições dos sistemas abertos para o campo da administração

Tendo em vista o que foi exposto neste livro até aqui, podemos retomar, sucintamente, alguns pontos de especial importância.

O pensamento tradicional, como discutimos, pautava-se numa visão cartesiana e reducionista para explicar os fenômenos. Lembremos o primeiro nível analítico de Boulding (1956), exemplificado pela ideia da concepção de átomo, que se mantém em equilíbrio a partir da interação de seus elementos internos, de forma independente do ambiente. Esse pensamento foi a base da visão mecanicista que predominou entre os teóricos da administração clássica até meados do século XX, quando as organizações eram vistas como sistemas fechados em si próprios. Nessa perspectiva, o todo podia ser explicado simplesmente pelo entendimento de suas partes.

Atualmente, contudo, é inconcebível pensar em administração sem levar em conta a complexidade do ambiente. O pensamento mecanicista entrou em colapso. As organizações passaram a ser vistas não mais como meras máquinas que dependiam apenas de ajuste interno adequado, mas, de forma mais ampla, como um todo, considerando-se seus aspectos internos e externos, bem como sua capacidade de adaptação e resposta ao ambiente.

Em meio à tendência dos estudos sistêmicos, o modelo do homem robô foi se tornando obsoleto e deu espaço ao modelo de homem como sistema de personalidade ativa, ou seja, voltado a um olhar mais holístico e sustentado pelo modelo organísmico (Figura 3.2). O reducionismo anterior foi substituído por um foco na totalidade (Bertalanffy, 2010). Assim, a imagem do homem/organização migrou de uma visão mecanicista para a de um sistema ativo.

FIGURA 3.2 – Transição do homem máquina para o homem sistêmico

Imagem do homem:

Robô ⟹ Sistema ativo

FONTE: Elaborado com base em Bertalanffy, 2010.

Do ponto de vista sistêmico, a organização passou a ser considerada um conjunto de comportamentos em constante relação, sendo que variáveis diversas interferem em seu estado. Vale destacar a partir de então o papel do **homem funcional**, o que implica pensá-lo como um papel a ser desempenhado – uma organização, portanto, representa um grande sistema de papéis. O homem assume, assim, a ideia de um sistema aberto que sofre influência de variáveis organizacionais, de personalidade e de relações interpessoais (Motta, 1971).

Como resultado, em oposição à visão estreita de sistemas fechados e tendo em vista a noção de sistemas abertos, surgiram, concomitantemente, visões holísticas, interdisciplinares e sistêmicas, as quais demandam a noção total do ambiente. Os sistemas abertos, como já exposto, mantêm um fluxo contínuo de informações, materiais e energia com o meio em que se inserem, comunicando-se com o ambiente e respondendo de forma adaptativa às demandas que ele impõe.

No campo da gestão, foram muitas as contribuições que a noção de sistemas abertos trouxe. Essa visão mostrou-se imprescindível nas organizações, na medida em que uma determinada ação impacta em todo o sistema e, portanto, a tomada de decisão depende do conhecimento acerca de suas possíveis consequências no todo (Stevenson, 2001). Podemos então pensar que o sistema, diante do contexto, busca o ajustamento como um todo, fruto de seu intenso inter-relacionamento.

Com a emergência da concepção de sistemas abertos, elementos antes não observados passaram a ter vez. O campo da administração sofreu uma revolução, incorporando novas visões e novos conhecimentos. Emergiram correntes teóricas que objetivaram explicar as organizações a partir de sua relação com outros sistemas maiores (como o ambiente), a exemplo da abordagem contingencial, da ecologia populacional e dos sistemas sociotécnicos. A relação de contínua troca de insumos com o ambiente torna a organização, no papel de um sistema aberto, capaz de se estruturar da melhor maneira em termos técnicos, pessoais, produtivos e de configuração interna, a fim de se manter no mercado.

Os sistemas de gestão, qualidade e produção também sofreram influências do novo pensamento – de sistemas abertos – que veio a predominar no campo da administração. Novas ferramentas de gestão, que fossem capazes de lidar com a complexidade do ambiente, precisaram ser desenvolvidas, como o ciclo PODC (planejar, organizar, dirigir e controlar), ferramenta que sistematiza os processos administrativos.

No campo de estudo da produtividade e da qualidade, destacou-se o modelo japonês: sistema flexível de produção regulado pela demanda, com baixo desperdício e foco na qualidade. O fato de o sistema ser regulado pela demanda pressupõe sua comunicação com o ambiente externo. Como resultado da evolução do pensamento sistêmico, teve destaque, ainda, a emergência do pensamento estratégico, que se baseia no princípio de que as ações da organização devem estar sempre alinhadas ao ambiente que a circunda.

Em síntese, a organização precisa estar em contínua comunicação e troca com o ambiente: para conhecer a demanda do cliente; para estar a par dos contextos econômico, político, cultural e legal em que exerce sua atividade; para receber insumos (físicos e humanos) necessários a seu papel produtivo e se comunicar com seus fornecedores; ou para vender seus produtos e atingir seus objetivos, como gerar lucro. Muitas organizações declaram que, por influências externas, como o enfrentamento de ameaças ou o aproveitamento das oportunidades, buscam um ajuste perfeito com os sistemas do ambiente. Com base nisso, para finalizarmos este capítulo, apresentamos, na Figura 3.3, um exemplo de estrutura de sistema aberto no contexto organizacional.

Figura 3.3 – Organização como sistema aberto

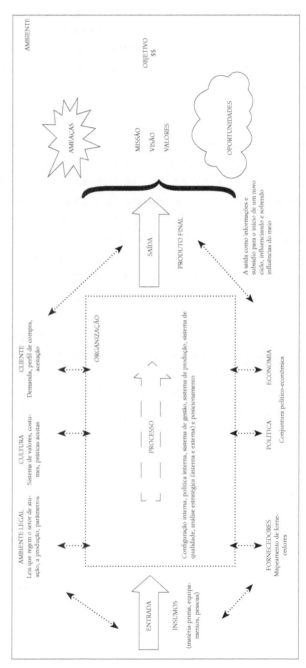

Fonte: Elaborado com base em Katz; Kahn, 1966.

Síntese

Neste capítulo, revisamos a literatura que embasa a compreensão das organizações como sistemas abertos. Apresentamos as características, os níveis de análise, os elementos e os princípios relativos a esses sistemas, tomando como base a metáfora de Morgan (1996), que entende o funcionamento de uma organização como análogo ao de um organismo vivo.

Também discutimos que o enfoque organísmico de Bertalanffy (2010) contribuiu para a compreensão de que as organizações são dinâmicas e fazem constantes trocas de informações e recursos com outros elementos de sistemas externos. Nesse sentido, o ambiente de interação organizacional é como um ser vivo, orgânico, em mútua adaptação, colaboração e disputa com os demais sistemas com que interage.

Para analisarmos melhor essas interações, recorremos aos níveis analíticos propostos por Boulding (1956): célula; genético-societal; animal; humano; sócio-organizacional; sistemas transcendentais. Cada um deles nos proporciona um ajuste focal para observarmos as interações entre os elementos sob os níveis micro, meso e macrossistêmicos.

Além disso, destacamos que o ciclo sistêmico formado por entradas, processamento e saídas, proposto por Katz e Kahn (1966), fomentou a elaboração de esquemas analíticos para ferramentas gerenciais (algumas serão detalhadas no Capítulo 5).

Por fim, concluímos que, apesar de ser possível compreender o funcionamento interno de uma organização considerando-a como um sistema fechado, a utilização da perspectiva de sistemas abertos permite análises mais refinadas e condizentes com a complexidade do ambiente em que as empresas estão inseridas.

Para saber mais

BEE Movie: a história de uma abelha. Direção: Steve Hickner e Simon J. Smith. EUA: Paramount Pictures, 2007. 95 min.

A animação *Bee Movie: a história de uma abelha* retrata a interação sistêmica entre as abelhas e os demais seres do ambiente, inclusive os humanos. A história da abelha Berry ilustra como o ambiente operacional – a colmeia – recebe interferência de outros sistemas – flora, fauna, sociedade etc.

Estudo de caso

Compreendendo o Hospital S. como um sistema aberto

No capítulo anterior, mostramos que o Conselho Diretor do Hospital S. estava convencido de que a máquina funcional deveria ser ajustada. O principal problema revelado foi o desajuste das escalas de horários que culminavam em gargalos operacionais. Além do compromisso firmado para que cada um cumprisse sua função no horário estabelecido, desenhou-se um fluxograma para mapear todas as atividades de atendimento aos pacientes, no setor de Pronto Atendimento.

Os resultados decorrentes daquelas ações foram positivos. Com o cumprimento rigoroso das escalas, as filas diminuíram, e o fluxograma de atendimento passou a ser o mapa que permitiu a previsibilidade das ações. Muitos pacientes notaram a diferença e passaram a tecer elogios. Entretanto, algumas outras reclamações continuaram a ocorrer, como aquela referente à qualidade da alimentação oferecida aos pacientes. A interrupção das campanhas publicitárias fez o hospital cair no esquecimento. A percepção da comunidade estava equilibrada entre comentários sobre os problemas anteriores e a divulgação via boca a boca de que as coisas haviam melhorado.

O diretor Henrico Fortuna ainda tinha razões para se preocupar, pois sentia que seu cargo estava ameaçado. Embora as melhorias tenham de fato sido percebidas, as receitas não haviam crescido. Mais do que isso, as clínicas locais e um hospital concorrente estavam em plena expansão, o que colocava em dúvida o argumento de que a crise econômica era o motivo pelo qual os pacientes buscavam auxílio no sistema público de atendimento de saúde.

Fortuna estava apreensivo. Internamente, os processos estavam quase ajustados. Porém, ainda era preciso solucionar as reclamações quanto à qualidade das refeições. Mas isso parecia fácil quando comparado com o desafio de aumentar as receitas do hospital.

Foi então que o diretor decidiu sondar o que seus concorrentes estavam fazendo melhor do que ele. Por meio de conversas informais, conseguiu relatos de pacientes que buscaram outras clínicas ou o hospital concorrente, tentando identificar por que o Hospital S. não tinha sido a opção feita por eles.

Com a crise econômica, os pacientes que contratavam tratamentos particulares migraram para os planos de saúde. Como o Hospital S. sempre foi um hospital de renome, suas receitas sempre vieram de atendimentos particulares. Entretanto, o ambiente havia mudado... As clínicas e os hospitais concorrentes firmaram convênios com os planos de saúde comercializados em toda a região, que abrangia mais de 15 municípios. Assim, por conta da crise, as pessoas buscavam as melhores clínicas e hospitais credenciados aos convênios.

A política de qualidade do Hospital S. sempre condicionou um olhar de desconfiança em relação aos planos de saúde. Algumas experiências realizadas anos atrás haviam acarretado problemas como atrasos na liberação de procedimentos e atrasos de pagamentos. No entanto, muita coisa havia mudado, inclusive a legislação que regulamenta os planos de saúde. O que deixava Fortuna em dúvida era quais planos deveriam ser conveniados. Havia alguns com bom histórico e outros com registros de reclamações nos órgãos de defesa dos direitos do consumidor. O fato é que não conveniar planos de saúde representava leitos não ocupados e, consequentemente, aumento dos preços, em razão do rateio de custos fixos com menor número de leitos ocupados.

Entre conversas e pesquisas, Fortuna também chegou à conclusão de que a cozinha do hospital poderia ser terceirizada a uma empresa especializada. Entretanto, não gostaria de demitir os funcionários que tinha, pois isso poderia gerar um clima organizacional ruim em um momento em que os processos internos estavam melhorando e os funcionários pareciam motivados.

Mas decisões precisavam ser tomadas. Fortuna convocou o Conselho Diretor para solicitar a aprovação de novas medidas:

- a contratação de uma empresa terceirizada para fornecer alimentação aos funcionários e aos pacientes;
- o estabelecimento de convênio com todos os planos de saúde comercializados na região.

> **Uma análise sistêmica... Agora é com você!**
>
> Considerando que o Hospital S. é um sistema aberto e que seu funcionamento interno está condicionado às lógicas externas, tais como situação econômica, percepção da comunidade, atuação de concorrentes, possibilidades de parcerias e terceirização, analise os aspectos positivos e as limitações das decisões deliberadas pela Diretoria. Como você aplicaria o princípio da variabilidade e equifinalidade para a obtenção de entropia negativa no sistema de atendimento do hospital?

Questões para revisão

1. Descreva o funcionamento de uma organização da qual você faz parte utilizando o esquema analítico de 4º nível (célula) de Kenneth Boulding (1956).

2. Identifique situações em que o princípio sistêmico da equifinalidade se manifestou em seu ambiente de trabalho.

3. Marque a alternativa correta:
   a) A entropia negativa se refere à manutenção da estabilidade.
   b) A homeostase diz respeito ao princípio de exportação de energia.
   c) A diferenciação é o princípio que se refere à ação para a destruição do sistema.
   d) A equifinalidade presume a possibilidade de atingir um estado estável a partir de distintas condições iniciais.

4. Assinale com V as assertivas verdadeiras e com F as falsas.

( ) Sistemas abertos presumem o funcionamento de organizações, independentemente de seus ambientes externos.

( ) A equifinalidade justifica por que organizações com diferentes recursos e estruturas, atuando no mesmo ambiente, podem obter resultados equivalentes.

( ) Os níveis de análise 1, 2 e 3 de Boulding (1956) referem-se a sistemas abertos.

( ) Entropia negativa, equifinalidade, homeostase e diferenciação são conceitos da biologia que foram importados para compreender melhor as organizações como seres vivos.

Agora, marque a alternativa que apresenta a sequência correta:

a) F, V, F, V.

b) V, V, F, F.

c) F, F, V, V.

d) F, V, V, F.

5. Marque a alternativa correta:

a) A metáfora do ser vivo de Morgan representa uma organização que opera com robustez sem interação com o ambiente.

b) As empresas podem ser consideradas como sistemas abertos, uma vez que importam recursos do ambiente, processam-nos e oferecem produtos e serviços como saídas.

c) A retroalimentação representa o vício de um sistema que, de forma engessada, não permite alterações em seus fluxos anômalos.

d) O enfoque organísmico presume o homem como uma engrenagem produtiva.

Questão para reflexão

1. Com base nos níveis propostos por Boulding (1956), é possível construir um esquema analítico para compreender a intenção da organização com o ambiente. Então, procure identificar as relações sistêmicas da organização em que você atua utilizando os níveis de Boulding (1956) e perceba como ficará mais clara a realidade sistêmica em que você está inserido.

4

Teorias das organizações sob o enfoque sistêmico

Conteúdos do capítulo:

- A evolução das teorias das organizações.
- A abordagem contingencial.
- A abordagem da ecologia populacional.
- A abordagem dos sistemas sociotécnicos.

Após o estudo deste capítulo, você será capaz de:

1. compreender como o ajuste ao ambiente determina as estruturas organizacionais;
2. entender quais são as possibilidades e as limitações de respostas às contingências ambientais;
3. analisar o determinismo ambiental na seleção das organizações de sucesso;
4. reconhecer como os sistemas se formam no ambiente e como a organização o integra;
5. compreender de que forma ocorre a integração entre sistemas sociais e sistemas técnicos.

4.1 Introdução

A partir da década de 1950, aumentou o número de teorias que tentavam explicar o comportamento das organizações considerando a influência do ambiente em que se encontram. Grandes embates teóricos foram travados para tentar definir se o ambiente molda a organização ou se seria ela capaz de moldar o ambiente. Tudo isso no contexto em que a teoria geral dos sistemas (TGS) inspirava novos caminhos para a construção do conhecimento científico. Sob essa ótica, apresentaremos, neste capítulo, a evolução de algumas importantes teorias das organizações à luz da TGS.

As teorias das organizações foram concebidas com os pressupostos de interações sistêmicas. Na Escola Clássica da Administração, as organizações foram primeiramente entendidas como sistemas fechados. Porém, essa noção foi superada por outras abordagens que surgiram para dar conta de suas contradições teóricas. A descoberta da influência de aspectos sociais e humanos no funcionamento da máquina produtiva revolucionou esse campo de estudos. A Escola Humanista anunciava que a produção de conhecimento em administração não poderia limitar-se ao método cartesiano de investigação. Assim, o ambiente fabril, outrora teorizado majoritariamente por engenheiros, passou a ser analisado também por outros campos do saber, como a sociologia e a psicologia.

Com a contribuição dessas e de outras áreas, houve uma virada teórica nos estudos organizacionais. De um campo limitado a aspectos racionais de gestão passou a um campo multi, inter e transdisciplinar, representando, assim, a produção de conhecimento como um sistema aberto. O papel do ambiente na estruturação e no funcionamento da máquina produtiva foi reconhecido no artigo *"Foundations of the Theory of Organizations"*, de Philip Selznick (1948), considerado um marco no campo dos estudos organizacionais. A partir do final da década de 1940, ocorreu um grande movimento para a compreensão da relação da organização com o ambiente externo.

Não temos o intuito de referenciar todas as principais correntes que teorizaram sobre a influência do ambiente no funcionamento interno das organizações. Para ilustrarmos esse movimento da teoria das organizações, julgamos importante examinar, neste capítulo, três correntes teóricas que concorrem entre si para a explicação da realidade organizacional e de sua interação com outros sistemas que formam o ambiente.

4.2 A evolução das teorias das organizações

A humanidade foi relativamente bem-sucedida ao construir um conhecimento que lhe permitisse instrumentalizar o mundo natural por meio da biologia, da química e da física. O desenvolvimento das sociedades estava ancorado no domínio sobre a natureza e na competência delas para dominar as forças naturais e, mediante a compreensão de suas leis, controlar e, até mesmo, induzir fenômenos que lhes fossem desejáveis. Foi com essa capacidade que ao redor do planeta as sociedades promoveram seu desenvolvimento, adaptando o mundo natural às suas necessidades e aos seus desejos. Assim, os grupos humanos aprenderam a domesticar plantas e animais, criar sistemas agrícolas e pecuários, manipular biomas, a genética etc. Talvez tenha sido por essa razão que a tentativa de dominar o mundo social e instrumentalizá-lo para o sistema produtivo tenha instigado os teóricos funcionalistas a se inspirarem na biologia.

Uma das primeiras metáforas que acessaram o mundo social por meio de esquemas analíticos biológicos partiu de François Quesnay, que, em sua obra *Análise do quadro econômico*, publicada no século XVIII, referiu-se à dinâmica dos mercados com referências ao mundo biológico. "Qualquer pessoa que quisesse refletir veria que [o comércio entre diferentes classes e as suas condições] são fielmente copiados da natureza" (Quesnay, 1983, p. 259).

A apropriação de esquemas analíticos de campos científicos consolidados parece facilitar a cientificidade das análises de uma área ainda não consolidada na ciência. Esses esquemas também possibilitam que o conhecimento seja construído por meio de alguma ferramenta analítica de que o pesquisador dispõe para iniciar sua exploração. Analisando-se a cronologia da construção das teorias das organizações, fica evidente que, no contexto histórico em que foram sendo desenvolvidas, a referência para a produção de conhecimento era o pensamento hegemônico de cada época.

Alguns teóricos tomavam esse pensamento como base para prosseguir e refinar as descrições da realidade dentro da própria lógica instituída, como no caso daqueles que formaram a Escola Clássica da Administração, cujo intento era gerar conhecimento sobre o processo produtivo com a chancela de cientificidade por meio da apropriação de conceitos e métodos das ciências exatas e biológicas. Frederick Taylor, por exemplo, aplicou seus conhecimentos em engenharia (sua formação profissional) para teorizar sobre um método universalista de administração em contexto industrial. Outros teóricos, como aqueles da Escola Humanista, produziram conhecimento sobre a dinâmica social e humana das organizações a partir de uma contraposição às explicações hegemônicas. Notemos que, em ambos os casos, a construção de teorias sobre as organizações tomou o *status quo* como referência: para reafirmá-lo ou contrapor-se a ele.

As reflexões sobre uma teoria geral de sistemas foram intensificadas no período posterior à Segunda Guerra Mundial, em 1950, quando então se percebeu que todos os países dependiam uns dos outros – eram interdependentes – e compunham um sistema maior e global. Assim, entendeu-se que uma alteração em determinada parte do sistema gerava um impacto nas demais que também formavam a totalidade (Motta; Vasconcelos, 2002).

Portanto, a teoria geral dos sistemas (TGS) de Ludwig von Bertalanffy (2010) representou uma contribuição para além do seu campo de origem, que era a biologia. Trata-se de uma metateoria que questionou a forma como o conhecimento era produzido, bem como os esquemas analíticos utilizados pelos cientistas cartesianos. Conforme o pensamento sistêmico evoluía, os campos científicos passaram a aceitar melhor a multidisciplinaridade.

Na área da administração, esse movimento se iniciou com as contribuições do pensamento sociológico e humanista. Entretanto, as organizações passaram a ser interpretadas como sistemas abertos a partir do reconhecimento da influência do ambiente em suas operações internas. Nesse sentido, entendemos que o pensamento sociológico foi determinante para que se ampliasse a leitura sobre o contexto organizacional.

Cabe ressaltar que não foi apenas a TGS que induziu esses avanços no campo da administração. O desconforto com o produto social construído sob as bases positivistas era notável. Mesmo com todos os avanços da razão científica para a busca de uma sociedade justa, livre e igualitária, aconteceram episódios históricos que revelaram atrocidades que escaparam à razão, a exemplo das consequências das duas grandes guerras mundiais. A racionalidade moderna não deu conta de prever e evitar conflitos sociais. A desilusão com a busca de construção de um projeto de sociedade perfeita mediante o uso da razão técnica já era manifestada na filosofia nietzschiana, na sociologia marxiana, na psicanálise freudiana, entre outras teorias de pensadores que questionaram a capacidade de a ciência moderna explicar o pensamento e a ação humana, bem como a convivência em sociedade para organizar a produção de bens e serviços necessários para a manutenção de suas necessidades.

O fordismo, por exemplo, deparou-se com suas primeiras dificuldades logo que seus trabalhadores passaram a se organizar para reivindicar melhores condições de trabalho, influenciados por movimentos semelhantes que haviam acontecido na França. Além disso, teve de lidar com a perda de mercado em razão do que antes fora a chave do sucesso de seu modelo de gestão: a produção em massa, que, consequentemente, representava pouca variedade de produtos em face de consumidores que cada vez mais recebiam diferentes opções de compra por parte dos concorrentes. Fica evidente que forças dessa natureza têm origem externa à organização e, portanto, o funcionamento equilibrado da empresa também está condicionado ao ajustamento àquilo que não faz parte de suas operações internas.

Nesse momento histórico, o pensamento humanista e social já permeava os debates acadêmicos, mas foi a publicação de Selznick (1948) que provocou os teóricos da administração em relação aos impactos de forças externas. Associado ao impacto que os pré-escritos da TGS de Bertalanffy[1] causaram na produção de conhecimento científico, as décadas que se seguiram representaram grandes saltos teóricos e analíticos para as teorias das organizações. Entre esses pré-escritos, destacamos o artigo intitulado *"The Theory of Open Systems in Physicis and Biology"* ("A teoria dos sistemas abertos em física e biologia"), no qual Bertalanffy (1950) conceitua um sistema fazendo uma analogia com um organismo vivo.

De forma não exaustiva, apresentamos, na Figura 4.1, uma cronologia dos marcos teóricos que representam a evolução do pensamento sistêmico na teoria das organizações.

---

1 A TGS foi publicada em 1968, mas Bertalanffy delineou essa abordagem desde suas publicações nos anos de 1940. Portanto, embora os fundamentos da TGS tenham sido sistematizados em uma única obra, a construção dos argumentos está presente em textos que a antecederam.

FIGURA 4.1 – Cronologia do pensamento sistêmico nas teorias das organizações

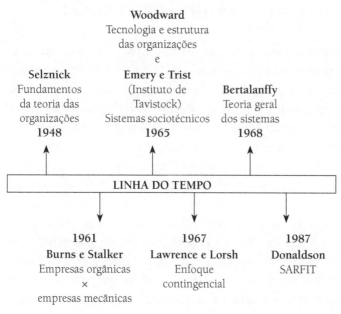

FONTE: Elaborado com base em Scott; Davis, 2007; Motta; Vasconcelos, 2002; Selznick, 1948.

Na sequência, vamos nos aprofundar nos fundamentos de três correntes teóricas, ora concorrentes, ora complementares, que buscaram explicar a dinâmica entre ambiente interno, estruturas e ambiente externo das organizações. Essas teorias, além de terem sido influenciadas pelos desencadeamentos da abordagem de sistemas abertos de Bertalanffy (2010), fomentaram debates que conduziram as teorias das organizações até o estado em que se encontram atualmente.

4.3 Abordagem sistêmica da teoria da contingência estrutural

Até meados dos anos de 1950, acreditava-se que a eficiência de uma organização dependia de uma estrutura que se configurasse como um perfeito sistema fechado. Nesse sentido, aceitava-se que existiam modelos ideias de estruturas capazes de funcionar sincronicamente, otimizando a utilização dos recursos internos e, consequentemente, garantindo a perenidade e o sucesso da organização. Porém, essa década foi marcada por uma quebra de paradigma inspirada nos sistemas abertos: o grau de adaptação ao ambiente externo era, no mínimo, tão importante quanto a eficiência interna.

Em 1948, Selznick alertou os teóricos de estudos organizacionais acerca da influência do ambiente externo no desempenho organizacional. Esse foi um marco teórico pelo qual se admitiu que o bom desempenho não seria apenas fruto do refinamento dos mecanismos internos de funcionamento. Para Scott e Davis (2007), a abordagem de Selznick contemplou uma evolução natural e um processo de mudança adaptativa por meio de uma abordagem holística e contextual. Tal compreensão colocou em xeque a abordagem funcionalista de sistemas mecânicos fechados, entendendo-se que se os sistemas são interdependentes, a alteração de um componente desencadeia ações adaptativas de todos os demais sistemas (Tolber; Zucker, 1999). Os estudos de Selznick geraram discussões a partir das quais surgiram muitas teorias que reconheciam a importância do ambiente, como as teorias institucionais, contingenciais e ecológicas.

Teoria da contingência estrutural

Essa abordagem teórica surgiu em contraposição à visão de que uma estrutura inspirada em sistemas fechados era superior às outras. Ou seja, assumiu-se que não há uma única estrutura ótima para as organizações. Portanto, um bom resultado pode variar de acordo com o ajuste entre diversos fatores internos e externos à organização. De acordo com Donaldson (1999, p. 105), "A estrutura ótima é contingente a estes fatores, que são denominados fatores contingenciais". Durante as décadas de 1960 e 1970, foram publicados vários trabalhos que consolidaram essa teoria no campo de estudos organizacionais.

Alguns anos depois de Selznick (1948) expor a importância do ambiente externo no funcionamento das organizações, Alfred DuPont Chandler Jr. (1962) divulgou um estudo histórico em que analisou as alterações das estruturas de um grande grupo de empresas norte-americanas observando um histórico de duas décadas. Nesse estudo, o historiador destacou as empresas que adotavam estratégias distintas para corresponder ao ambiente em que estavam inseridas. Ao constatar que as estruturas se diferenciavam em razão das ações que os administradores tomavam para se ajustarem às forças do ambiente externo das organizações, ficou evidente que não poderia haver uma estrutura universal que conferisse bom desempenho a qualquer organização independentemente do contexto, ainda que os processos produtivos internos estivessem em perfeita harmonia. Era preciso compreender a organização como um sistema aberto, reconhecendo-se que o ambiente exercia pressões e restrições que se refletiam na forma estrutural da instituição.

A base dessa abordagem foi inspirada no pensamento sistêmico de Bertalanffy (2010). As metáforas utilizadas nessa corrente também são análogas ao funcionalismo biológico, compreendendo-se as organizações como verdadeiros sistemas que buscam estabilidade por meio da adaptação interativa com o ambiente (Donaldson, 1999). O enfoque dado pelos estudos sociológicos nesse campo de estudos consistiu em buscar entender como o meio causa mudanças na estrutura. Assim, as pesquisas da área possibilitaram a criação de uma agenda de pesquisa prescritiva sobre as formas estruturais mais eficazes em função de diferentes ambientes (Donaldson, 1999).

Apresentados os fundamentos da teoria da contingência estrutural da maneira ampla, podemos elencar alguns fatores contingenciais que afetam as estruturas organizacionais, tais como estratégia, tamanho, concorrência, tecnologia, grau de incerteza, entre vários outros. Assim, nessa abordagem, a efetividade e a otimização na utilização dos recursos dependem da adequação da estrutura a estes e tantos outros fatores que interagem com a organização em seu ambiente, exigindo adaptação (Donaldson, 1999).

Sob essa ótica, o tamanho de uma organização é um fator contingencial, ou seja, ele determina sua estrutura. Vamos a um exemplo prático: existem empresas muito pequenas; muitas delas são geridas por membros de uma mesma família e, em virtude da informalidade das relações, a divisão de tarefas não é feita de forma sistematizada. Em negócios dessa natureza, os processos tendem a ser pouco padronizados, e os membros se adaptam facilmente às exigências ambientais.

Numa padaria familiar, por exemplo, não será um problema se o caixa ou o auxiliar de padeiro precisarem ajudar no atendimento para ajustar a estrutura a uma contingência como uma demanda anormal ou um pico de atendimento. Entretanto, se essa demanda passar a ser contínua, o proprietário deverá aumentar a estrutura para atendê-la. Com o crescimento estrutural, as tarefas se tornariam sistematicamente descentralizadas, permitindo a obtenção de padronização, especialização e previsibilidade, cujos benefícios compensariam eventuais disfunções da burocracia (Donaldson, 1999). Note que, nesse caso, o aumento da estrutura e o reordenamento dos processos produtivos com maior padronização seriam uma resposta a um fator externo à empresa.

Conforme Donaldson (1999), Tom Burns e George M. Stalker (1961) foram os teóricos que iniciaram a abordagem contingencial da estrutura, com a publicação do texto seminal *The Management of Innovation*. Nesse livro, os autores distinguiram as estruturas mecanicistas – com decisões *top-down* – daquelas orgânicas – cujas decisões eram menos baseadas na posição hierárquica, havendo maior participação dos envolvidos na discussão sobre otimização de desempenho nas tarefas.

Em 1962, Alfred DuPont Chandler Jr. argumentou que a estratégia da organização era o fator contingencial que determinava sua estrutura. Para o autor, a adequação entre a estrutura e a estratégia da organização seria inexorável para a obtenção de um ótimo desempenho. Assim, ao se compreender a estratégia da organização, seria possível inferir qual a estrutura ideal para a consecução de seus objetivos. Note que Chandler (1962) não assumiu que existe uma única estrutura ideal, mas admitiu que, compreendendo-se a influência das contingências externas sobre a estrutura, seria possível obter um ajuste ideal no contexto em que uma organização desenvolvia suas atividades.

Na mesma década, Joan Woodward (1965) desenvolveu comparações entre empresas manufatureiras e descobriu que somente o porte das organizações não era capaz de explicar suas configurações estruturais. O pesquisador apontou a contingência tecnológica como condicionante que também influenciava na eficiência estrutural. A partir de então, assumiu-se que a adequação entre estrutura e tecnologia também seria um fator de melhora do desempenho organizacional. Ficava cada vez mais claro aos pesquisadores que o desempenho organizacional era fruto da interação da estrutura organizacional com as contingências do ambiente.

Embora os estudos anteriores já mencionados tivessem delineado as bases dessa teoria, a expressão *teoria da contingência estrutural* foi cunhada por Paul R. Lawrence e Jay W. Lorsh (1967). No artigo *"Differentiation and Integration in Complex Organizations"*, os autores assumiram que fatores ambientais influenciavam partes específicas da organização. Por exemplo, mudanças tecnológicas faziam o departamento de pesquisa e desenvolvimento de uma empresa ganhar robustez, enquanto departamentos com processos repetitivos eram mais previsíveis e menos desenvolvidos. Assim, compreendendo-se a relação orgânica entre estrutura e meio externo, foi possível explicar por que estruturas distintas poderiam obter igualmente bons resultados (Waters, 1984) – perceba a convergência com o princípio da equifinalidade da TGS.

O que isso significa? Um departamento de produção, pelo fato de se basear em tarefas com foco em objetivos de curto prazo, pode adotar enfoques mais burocráticos e formais do que um departamento de vendas, por exemplo. Uma mesma organização, a depender das características de cada departamento, poderia assumir diferentes estruturas organizacionais. Nesse sentido, uma mesma empresa poderia dominar o enfoque orgânico e, em alguma subunidade organizacional, poderia coexistir um controle maior, com o enfoque burocrático (Morgan, 1996; Scott, 2003).

James Thompson (1967) também estava convencido de que o ambiente molda a estrutura das organizações. Seu pensamento convergiu com o de Lawrence e Lorsch (1967) em relação à justificação do desenvolvimento de algumas partes da estrutura em função do esforço e da recursividade na adaptação a um ambiente de incertezas. Entretanto, Thompson (1967) afirmou que as organizações tentam fazer algumas partes de sua estrutura se assemelharem a sistemas fechados, para lhes conferir uma blindagem em relação ao ambiente. Por exemplo, quem nunca ouviu falar sobre o segredo da fórmula da Coca-Cola? Se existe ou não uma fórmula secreta, não sabemos. O fato é que a existência da dúvida evidencia que a empresa é bastante cuidadosa em manter blindados seus processos produtivos.

Em uma teorização sobre a estratégia de ajuste da estrutura ao ambiente, Lex Donaldson (1987) propôs o modelo *Structural Adaptation to Regain Fit* (SARFIT). O autor argumentou que a causa de um bom desempenho organizacional é a adequação da estrutura às contingências, ou seja, o desempenho é a consequência de uma boa adequação estrutural. Para o autor, um desajuste entre estrutura e ambiente produz comportamentos disfuncionais no sistema organizacional considerado aberto. Tais disfunções se manifestam em forma de lentidão, tomada de decisões ruins, desmotivação etc. A existência desses fatores, consequentemente, resulta em baixo desempenho econômico e financeiro. O baixo desempenho, por sua vez, pressiona a organização para que promova articulações com outros atores do ambiente, até que a coalizão dominante se reorganize. Baixos desempenhos são notáveis em situações nas quais as condições do negócio são suficientemente rigorosas. Nesses contextos, algumas empresas conseguem atravessar períodos de baixo desempenho às custas de suas reservas de capital, enquanto outras, com poucos recursos, revelam-se incapazes de manter uma estrutura disfuncional por muito tempo, sendo, assim, forçadas ao ajuste imediato (Donaldson, 1987).

A pluralidade da abordagem da contingência estrutural toca em um ponto central e muito debatido: Existe determinância do ambiente em relação à estrutura? Haveria alguma capacidade de articulação racional não determinística entre escolhas, ainda que limitadas, que conferisse ao administrador o *status* de estrategista nesse complexo sistema de interações com outros sistemas do ambiente externo? John Child (1972) afirma que há certa capacidade de agência para a organização escolher entre possibilidades que se revelam em face das forças ambientais. O autor argumenta que a constituição valorativa do sujeito, sua lente cognitiva, influencia nas escolhas reativas e, portanto, o ambiente não é capaz de anular totalmente a figura do estrategista, que, conduzindo o processo de adaptação, revela-se anterior à estrutura (Waters, 1984).

Há, no entanto, algumas divergências entre autores. Por exemplo, para Donaldson (1987), a mudança estrutural é fruto da estratégia adaptativa. Já David J. Hall e Maurice A. Saias (1980) afirmam que a estrutura precede a estratégia. Assim, para alguns críticos, a diversidade de estudos contingenciais não forma uma única teoria da contingência, mas uma abordagem contingencial.

Para Donaldson (2006), diferentemente do que muitos pesquisadores sustentam, a teoria da contingência estrutural não está esgotada. Pelo contrário, os avanços da tecnologia de informação nas organizações causaram – e ainda causam – rupturas profundas nas estruturas organizacionais. Tais tecnologias promoveram a redução de níveis hierárquicos e reconfiguraram por completo suas estruturas. Portanto, ainda há perguntas a serem respondidas pela abordagem contingencial.

4.4 Abordagem da ecologia populacional

A concepção da ecologia populacional remete à **teoria da evolução de Darwin**, uma vez que, assim como os organismos, as organizações, para sobreviverem, devem buscar recursos no ambiente – os quais são escassos. Logo, assim como os organismos vivos, sobrevivem no ambiente as organizações mais bem adaptadas – em outras palavras, o ambiente seleciona as organizações ou os organismos mais fortes e elimina os mais fracos (Morgan, 1996). A abordagem da ecologia populacional buscou compreender as forças que moldam as estruturas organizacionais ao longo do tempo, em períodos longos (Baum, 1999; Hannan; Freeman, 1989). Tal perspectiva se contrapôs ao pensamento de que as organizações se adaptam às contingências do ambiente.

Charles Darwin

Pai da teoria da evolução das espécies e autor do livro *A origem das espécies*, Charles Darwin se interessava por história natural. Pretendia ser um religioso e, depois de se graduar em Artes, em Cambridge, retomou seus estudos para esse objetivo.

O cientista participou da expedição Beagle, em que explorou as costas da América do Sul e algumas ilhas. Além disso, dedicou alguns anos de estudo a assuntos científicos com base nos resultados da expedição e no levantamento de informações, para compor o que viria a ser sua teoria acerca da origem das espécies.

FONTE: Elaborado com base em Frazão, 2018.

Se as organizações mudam em função da leitura de seus decisores, que buscam o máximo ajuste ao ambiente para obter efetividade e eficiência nos processos, por que existem tantas organizações diferentes e de que forma poderíamos explicar a sobrevivência ou a morte organizacional tendo em vista sua capacidade de ajuste ao ambiente?

Por um lado, alguns teóricos buscaram explicar a variabilidade das organizações em função de sua adaptação em face dos fatores contingenciais, o que presume capacidade de agência para que o processo adaptativo seja possível (Scott, 2003). Na abordagem da contingência estrutural, e mais notavelmente na teoria da escolha estratégica, o gestor é dotado de uma capacidade racional que o empodera em relação ao ambiente. O ajuste perfeito ocorre pela capacidade racional de atores individuais anularem determinismos ambientais por meio da proatividade.

Por outro lado, esse processo poderia ser explicado com base na compreensão de como o ambiente seleciona organizações e daquilo que resultaria em perenidade ou extinção (Scott, 2003). Se fizermos uma analogia com o darwinismo para compreender as estruturas organizacionais, entenderemos que o ambiente seleciona as "espécies" estruturais que nele se encontram mais adaptadas. A teoria de Darwin presume que a seleção só levará à evolução quando da ocorrência de variações das características do organismo, que levam a vantagens competitivas para a sua sobrevivência e permanência no ambiente, pautando-se no ciclo variação, seleção, retenção e modificação (Morgan, 1996).

Para os ecologistas organizacionais, é frágil o pressuposto de que a racionalidade do gestor é capaz de tornar o ambiente previsível e de fazê-lo antecipar-se às necessidades de mudanças para garantir sua sobrevivência. O ambiente apresenta forças mais intensas e complexas em relação à capacidade dos gestores de modificar uma estrutura para se ajustar a elas. Ainda que houvesse uma tentativa de adaptação rápida, a volatilidade do ambiente suprimiria as conquistas das ações adaptativas, tornando-o imperativo e seletivo.

Para Michael T. Hannan e John Freeman (1984), o darwinismo organizacional buscou maneiras racionais de antecipar as mudanças estruturais em função das exigências ambientais previstas. Os autores assumem que as organizações tendem à **inércia estrutural**. A teoria de inércia estrutural sustenta que as restrições sobre a mudança operam mais intensamente sobre as características essenciais da estrutura e que alterar tais características implica maior risco (Hannan; Freeman, 1989). No entanto, isso não significa que elas nunca mudam. Seus gestores podem promover mudanças significativas, mas isso incorre no risco de a organização sofrer restrições ambientais severas.

Ainda que a mudança seja uma tentativa de se ajustar racionalmente antecipando-se às mudanças ambientais, as respostas nas organizações grandes são relativamente lentas em relação às exigências do ambiente. Por outro lado, as organizações jovens ou mais vulneráveis não têm condições de atravessar o período turbulento de mudança até o alcance de um novo equilíbrio com o ambiente, o que leva à substituição por outras mais estáveis (Hannan; Freeman, 1984). Portanto, a reação adaptativa é mais lenta que a dinâmica do ambiente, e raramente as organizações conseguem conduzir mudanças abruptas e profundas com sucesso.

A abordagem da ecologia populacional analisa como as organizações formam comunidades, compartilham padrões, atividades e engajamentos, em um processo que agrega ou segrega participantes sob critérios compartilhados. Também busca compreender de que forma as populações estabelecem contato e interagem com outras, formando verdadeiros sistemas organizacionais (Baum, 1999). Nesse processo interativo, organizações nascem, substituem outras e, mais tarde, talvez, serão substituídas em função das mudanças ambientais (Hannan; Freeman, 1984).

Para Hannan e Freeman (1984), as taxas de sucesso e fracasso têm relação com o tamanho e a idade das estruturas organizacionais. Assim, a sobrevivência tem relação direta com a idade, o tamanho e a complexidade das organizações. As mais jovens parecem enfrentar maiores dificuldades, dada a concentração de fracassos nesses grupos. Por sua vez, as organizações maiores se revelam mais perenes em razão do ajuste ótimo ao ambiente quando já em seu surgimento encontram condições favoráveis para expansão e atingimento de maturidade. A inércia estrutural de algumas populações de organizações maduras pode ser explicada pela análise do grau de favorecimento do ambiente às organizações com estruturas estáveis (Hannan; Freeman, 1984).

Caldas e Cunha (2005) salientam que o projeto teórico de Hannan e Freeman está centrado no conceito de inércia estrutural. Trata-se do pressuposto de que as organizações tendem à estabilidade e, por isso, são incapazes de mudar tão rapidamente quanto o ambiente. A estabilidade é uma tendência necessária para a sobrevivência das próprias organizações. Por essa razão, é tão problemática a tentativa de mudança estrutural, seja para as pequenas organizações, que não dispõem dos recursos necessários para atravessar o período de mudança, seja para as grandes empresas, que são incapazes de fazer alterações na essência de suas estruturas sem que isso as coloque em risco.

Baum (1999) afirma que Hannan e Freeman abordaram o tamanho do nicho de atuação para analisar os diferenciais desenvolvidos pelas organizações que aumentam suas capacidades de sobrevivência. Algumas, com recursos mais limitados, concentram-se na exploração de um estreito nicho de mercado, tornando-se especialistas; por outro lado, outras que têm maior robustez de recursos ampliam sua atuação, tornando-se maiores e generalistas, atendendo a vários segmentos em seu ramo de atuação. Ainda segundo Baum (1999), com base nas considerações demográficas das organizações, Hannan e Freeman buscaram explicar a prevalência de organizações especialistas e generalistas ao longo do tempo em determinados ambientes.

Ao final da década de 1990, os estudos sobre fundação e fracasso, baseados na abordagem da ecologia organizacional, apontaram para a importância da **dinâmica da população** (a exemplo de seu histórico de fracasso e sucesso), bem como para sua **densidade**, ou seja, para o número de organizações que compõem a população (Baum, 1999). O aumento inicial de densidade de uma população tem relação com seu processo de legitimação institucional. Assim, a possibilidade de os integrantes de uma população legítima conseguirem recursos é facilitada pelos fornecedores que a tomam como certa, assim como ocorre o inverso com populações não legítimas (Baum, 1999). As organizações legitimadas pelo ambiente têm maior capacidade de angariar recursos para garantir sua sobrevivência. Nesse sentido, a sobrevivência organizacional é realmente análoga à luta dos organismos vivos para sobreviverem em um ambiente que não está sob seu controle. As organizações cujas estruturas e competências são valorizadas pelo ambiente apresentam vantagens em relação àquelas que não são importantes para o equilíbrio ambiental.

As relações entre populações organizacionais – formando-se, assim, comunidades – é um fator central para essa abordagem. A competição ou a interação entre as organizações no ambiente em busca de sobrevivência possibilita a criação de comunidades em relações de mutualismo e protocooperação em um ambiente de competição. Conforme Baum (1999, p. 160), "Dessa forma, a competição leva para a emergência de um sistema complexo de populações funcionalmente diferenciadas, ligadas por interdependências mútuas", em que o crescimento da complexidade gera mecanismos de estabilização da comunidade, bem como potenciais colapsos em virtude da volatilidade do ambiente.

4.5 Sistemas sociotécnicos

Com a atenção voltada tanto para os elementos técnicos quanto para os aspectos humanos da organização, constituiu-se a ideia de organizações como sistemas sociotécnicos (Morgan, 1996).

No estudo das organizações, o termo *sistema sociotécnico* surgiu nos anos de 1950, na Inglaterra e foi adotado pelos membros do Tavistock Institute of Human Relations a fim de definir os atributos correlatos aos fatores técnicos e sociais do trabalho. Tal concepção assume que os aspectos técnicos e humanos não podem ser isolados, uma vez que ambos se influenciam mutuamente (Morgan, 1996). Os estudiosos de Tavistock foram pioneiros na utilização da TGS proposta por Bertalanffy, passando a realizar uma análise das organizações através de uma lente sistêmica. A partir de então, houve o entendimento de que os modelos de organização do trabalho de Taylor e Weber não eram únicos e que a melhor receita para o sucesso organizacional estava no adequado balanceamento entre os sistemas técnico e social (Trist, 1981).

Eric Trist

Pioneiro na perspectiva dos sistemas sociotécnicos, Eric Trist fundou e presidiu o Instituto de Tavistock, onde participou de importantes projetos que trouxeram grandes contribuições para a ciência social e os campos da administração.

Ao lado de Fred Emery, foi o primeiro a estudar a ecologia social e a influência de um ambiente turbulento nas organizações.

FONTE: Elaborado com base em Krantz, 1990.

Já em 1949, os pesquisadores do Instituto de Tavistock foram incumbidos de estudar os problemas relacionados à mecanização dos processos em minas de carvão, em Durham, no norte da Inglaterra. Desde seus primórdios, nos séculos XII e XIII, o processo de mineração era realizado pelo método de trabalho denominado *hand-got system*, ou seja, um trabalho praticamente manual realizado em duplas. Quando se deu início ao processo de mecanização nas minas de carvão, o método instituído foi denominado *longwall method,* ou método de paredes longas, demandando maquinários e um trabalho mais especializado e em grandes grupos de mineiros, sendo cada qual remunerado distintamente (Biazzi Jr., 1994). Nesse novo modelo de produção, a coordenação e o controle do processo foram direcionados a uma supervisão externa, ocorrendo perda em termos de união de grupo e autorregulação (Trist, 1981).

Esse caso, estudado por Eric Trist e Ken Bamforth, ilustrou a indissociabilidade dos aspectos técnicos e sociais. A implantação de uma nova tecnologia baseada nos princípios da linha de montagem, com vistas à mecanização e eficiência do processo de produção do carvão, gerou problemas sociais, como o rompimento das relações informais preexistentes. O foco então passou a ser a busca por formas de aliar a eficiência técnica às necessidades humanas (Morgan, 1996).

O **sistema sociotécnico** é pautado na ideia de **sistemas abertos**, uma vez que parte do princípio da necessidade de equilíbrio e relação entre as partes que o compõem, tais como os subsistemas técnico e social, conforme ilustrado na Figura 4.2.

Figura 4.2 – Sistema sociotécnico

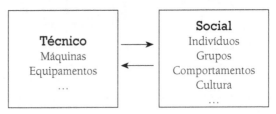

Fonte: Elaborado com base em Biazzi Jr., 1994.

Foi Trist quem identificou esses dois subsistemas e definiu-os da seguinte forma: o **subsistema técnico** é incumbido de garantir eficiência potencial para a organização, por meio do atendimento das demandas da tarefa, do espaço físico e do suprimento em termos de equipamentos necessários; por outro lado, o **subsistema social** diz respeito às relações sociais dos indivíduos responsáveis pelo desempenho das tarefas e pela realização efetiva da eficiência potencial (Motta; Vasconcelos, 2002). Para Biazzi Jr. (1994), o subsistema técnico pode ser composto, portanto, de máquinas e equipamentos, e o subsistema social, de pessoas e grupos, bem como de fatores que acompanham a formação do social, como cultura, comportamentos, capacidades e sentimentos.

Assim, é importante adequar os subsistemas técnico e social de modo que, ao mesmo tempo que se otimiza o trabalho nas organizações por meio de elementos técnicos, com vistas ao alcance dos objetivos, sejam considerados também os aspectos humanos e sociais ali envolvidos (Biazzi Jr., 1994). Isso significa que o modelo de Tavistock buscou demonstrar que uma organização eficiente demanda considerações referentes não só às implicações sociais do ambiente, tais como valores, mas também aos aspectos técnicos, relativos a insumos, equipamentos, entre outros (Motta; Vasconcelos, 2002).

Os estudos sociotécnicos priorizam a análise dos elementos técnicos aplicados aos sistemas produtivos sob o contexto das pessoas e das tarefas que desempenham (Biazzi Jr., 1994). Segundo Biazzi Jr. (1994), de uma perspectiva organizacional, alguns pontos destacados como positivos são a elevação da produtividade e a queda do absenteísmo; já do ponto de vista humano, o autor cita maior integração entre os trabalhadores, consideração das necessidades e valores individuais, bem como maior autonomia, desenvolvimento de potencialidades e participação.

Trist (1981) pontua alguns princípios fundamentais que sustentam a perspectiva sociotécnica, tais como: os grupos de trabalho, que passaram a se tornar mais relevantes em face do trabalho individual; a regulação interna do sistema, caracterizada pelo controle próprio desempenhado pelo grupo; a autonomia por parte dos trabalhadores; o homem entendido não mais como uma máquina, mas como um complemento dela. Com base nisso, podemos concluir que, na abordagem sociotécnica, o trabalho deixa de ser simples e especializado como era até então e passa a englobar um conjunto de atividades. O trabalhador assume uma ampla gama de funções e tem maior liberdade de ação, participação, cooperação e autocontrole do sistema interno.

Como os indivíduos assumem uma grande variedade de funções, há demanda por seu desenvolvimento, o que gera maior motivação e satisfação. Como já discutimos, na administração científica, o homem era visto como um aparato da grande máquina representada pela organização, mas, no sistema sociotécnico, homem e máquina coexistem e se complementam (Trist, 1981).

Além do estudo nas minas de carvão, o Instituto de Tavistock também realizou pesquisas em uma indústria têxtil indiana em Ahmedabad. Foi A. K. Rice, em 1953, quem visitou a tecelagem, onde observou uma mudança estrutural nos galpões automáticos da empresa, com o estabelecimento de **grupos autônomos** de trabalho que contribuíram com excelentes resultados organizacionais. Dessa forma, o modelo foi implantado em todos os outros galpões de tecelagem da indústria (Trist, 1981).

Os grupos autônomos de trabalho atuam com base no conceito de autorregulação advindo da cibernética, sendo que, quanto mais controle o grupo detém sobre os elementos, maiores são a satisfação e o nível de resultados atingidos. Diferentemente do pensamento burocrático, de acordo com o qual deve haver um supervisor externo que controla as atividades, nos grupos autônomos os próprios membros gerenciam o trabalho. Esse modelo se configura, portanto, num sistema de aprendizagem e, nesses grupos, a ideia de autonomia e controle confere aos membros uma capacidade cada vez mais aprimorada de lidar com situações adversas – princípios encontrados nos Círculos de Controle de Qualidade japoneses (Trist, 1981).

Nos anos de 1960, Eric Trist e Fred Emery começaram a trabalhar conjuntamente, o que resultou na publicação, em 1965, do relevante artigo *"The Causal Texture of Organisational Environments"*. Nesse texto, os autores propuseram que, a depender do contexto sociotécnico e econômico, as organizações poderiam adotar determinado tipo de estrutura, de forma a melhor se adaptarem às demandas do setor. Os pesquisadores identificaram quatro tipos de meio ambiente que levariam à adoção de diferentes modelos estruturais e estratégias pela empresa, conforme detalham Motta e Vasconcelos (2002):

- **Ambientes estáveis e difusos**: caracterizados por baixa competitividade, baixa complexidade e pouca mudança estrutural.
- **Ambientes estáveis e concentrados**: caracterizados por baixos níveis de competitividade e mudança, porém com mais organizações concorrendo por espaço.
- **Ambientes instáveis e reativos**: caracterizados por elevada mudança em nível de tecnologia e organização, porém com menor grau de diferenciação das organizações.
- **Ambientes turbulentos**: caracterizados por serem mais complexos, em virtude da elevada e rápida mudança tecnológica e organizacional, bem como por muita competitividade e diferenciação.

Nesse sentido, evidencia-se a concepção central dos autores: organizações como sistemas abertos que devem ser capazes de se adaptar ao sistema social e ao meio ambiente mais amplo em que se inserem, tal qual num ecossistema, em que diferentes ambientes abrigam diversos organismos. Essa era também a ideia de Bertalanffy ao dissertar sobre a TGS e de Gareth Morgan com a metáfora orgânica (Motta; Vasconcelos, 2002).

Um ambiente turbulento e complexo, por exemplo, exige da organização uma diversidade sistêmica, pessoal qualificado e um sistema de informação bem desenvolvido. Por outro lado, quando o ambiente é simples e relativamente estável, a organização pode ter uma forma organizacional menos complexa, bem como um sistema de informações não tão sofisticado (Motta; Vasconcelos, 2002).

A teoria sociotécnica parte do princípio de que a tecnologia não pode moldar o comportamento humano, uma vez que as escolhas sofrem influências também de aspectos de ordem social. Sob essa ótica, é o homem quem dá sentido à ferramenta, não o contrário. Nessa perspectiva, isso evidencia que, para uma mudança tecnológica se tornar dominante, a inovação social é imprescindível (Motta; Vasconcelos, 2002).

Pensemos na seguinte situação: surge no mercado uma nova tecnologia que mudará a forma de as pessoas realizarem determinada atividade. Essa tecnologia emergente se tornará hegemônica se novos costumes e esforços adaptativos representarem mudanças sociocomportamentais que acompanhem a mudança tecnológica. Os **padrões culturais** e os **valores** atuais são tão enraizados que, se a nova tecnologia não for acompanhada de um processo de aceitação social, dificilmente sobreviverá, uma vez que, sofrendo pressões do ambiente, será rejeitada, ou seja, não será adotada pelas pessoas.

Geert Hofstede

Nascido em 1928, na Holanda, formado em Psicologia, Geert Hofstede trabalhou na IBM Europa por 6 anos. Um importante estudo realizado por esse autor e que muito contribuiu com a discussão da temática sobre cultura foi referente à IBM. Sua abordagem partiu da ideia de que uma organização se configura em subculturas de um sistema cultural mais amplo. Em seu estudo, ele comparou medidas em vários países e concluiu que existiam diferentes padrões culturais nacionais entre as subculturas da IBM, as quais poderiam ser explicadas por quatro dimensões de análise: distância de poder; evitar incertezas; individualismo vs. coletivismo; masculinidade vs. feminilidade (Hatch; Cunliffe, 2006).

Há, pelo menos, três possibilidades de desfechos para uma situação de inovação tecnológica: (i) sobrevivência, mas com baixa adesão dos usuários; (ii) fim da tecnologia emergente, por conta da não aceitação; (iii) utilização e difusão da nova tecnologia pelos usuários, que passarão a adotá-la como o modelo dominante. Isso demonstra a importância de haver equilíbrio entre os níveis técnico e social, pois uma tecnologia não pode imperar numa sociedade se as demandas por ela não forem atendidas. Portanto, avanços tecnológicos são produtos culturais que podem influenciar na construção e manutenção de padrões e regramentos sociais

A previsibilidade do comportamento humano, fruto de uma conduta individual orientada por uma espécie de "bagagem" da herança social, é o que permite a existência de sistemas sociais que estruturam uma sociedade. A formação de padrões comportamentais de uma cultura envolve esses sistemas de normas sociais que se mantêm na esfera social e condicionam o comportamento individual (Rodrigues, 1999). Nesse sentido, o sistema cultural dos grupos sociais se estrutura a partir da transmissão de significados compartilhados desde o processo de socialização ainda na infância. Assim, os sistemas culturais apresentam um contexto histórico, geográfico, econômico e tecnológico próprio (Hofstede, 1981). Como é comum à esfera social, apesar de a tradição e de os costumes conferirem certa previsibilidade ao comportamento individual, sua natureza é de constante impermanência. Ou seja, sem romper com a tradição, tais hábitos e costumes são transformados em decorrência de situações contextuais, assim como ocorre com um sistema em constante troca de informações com o ambiente em que está inserido.

A estabilidade de padrões comportamentais de uma cultura mantém e reforça a estrutura social em um processo de retroalimentação (Hofstede, 1981) – lembremos aqui os mecanismos de sistemas abertos, que trabalham também sob essa lógica de *feedback* de informações que reforçam sua estrutura. Podem existir, ainda, elementos que são úteis à manutenção das normas e dos costumes da sociedade, como crenças, estrutura política e religião. Tais elementos constituem um contexto que forma e transforma a cultura e, consequentemente, os padrões comportamentais dominantes (Hofstede, 1981). Observe o esquema explicativo da Figura 4.3.

Figura 4.3 – Consolidando padrões culturais

Fatores externos: ambiente

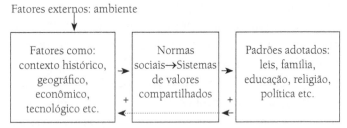

Fonte: Elaborado com base em Hofstede, 1981.

Edgar Schein (1989) se interessou pela cultura desenvolvida nas organizações e a compreendeu considerando três níveis: (i) suposições básicas; (ii) valores; (iii) artefatos. As suposições básicas – verdades aceitas pelos membros de uma cultura – manifestam-se em forma de valores e normas de comportamento amplamente aceitos e utilizados nas ações pelos integrantes, produzindo artefatos culturais. Os artefatos, visíveis, porém de difícil interpretação, configuram-se em expressões do mesmo núcleo da cultura que gera e mantém valores e normas (Hatch; Cunliffe, 2006).

Assim como em nível societal, a cultura organizacional também é formada mediante o compartilhamento de significados, constituindo-se ideologias próprias. Valores, crenças e visões de mundo em comum constroem sistemas normativos que regem o comportamento dos indivíduos nas organizações.

Desse modo, as mudanças ou inovações nas tecnologias que envolvem a produção em uma empresa terão maior ou menor aceitação de acordo com o grau de significância de tal sistema cultural. Se os novos artefatos (materiais ou simbólicos) introduzidos na atividade produtiva fizerem sentido para o grupo, será provável que a transição seja mais tranquila em relação às mudanças tecnológicas que rompem com os costumes do grupo a ponto de desestruturarem seus padrões comportamentais.

Sob essa ótica, Alvesson (2013) entende que mudanças culturais podem tanto decorrer de um processo natural e adaptativo quanto de uma forma impositiva. Assim, parece-nos que as transições sociotécnicas, ou seja, as mudanças sociais motivadas pelo surgimento de inovações tecnológicas, tendem a ser mais aceitas e, até mesmo, podem se tornar dominantes em determinado contexto, quando há consonância entre o resultado da mudança e as expectativas do grupo.

Síntese

Neste capítulo, abordamos a evolução de algumas correntes de estudos organizacionais que buscaram explicar a relação das organizações com o ambiente. As teorias que buscaram explicar essa relação examinaram a temática a partir das seguintes ideias: a capacidade de mudar o ambiente; a habilidade de apenas se adaptar ao ambiente; e a condição de ser refém de uma seleção natural.

Discutimos a abordagem contingencial, segundo a qual existe a capacidade de se ajustar às contingências ambientais. Sob essa ótica, a estrutura organizacional seria, portanto, resultado das adaptações em face das mudanças ambientais que interferem no funcionamento das organizações.

Em contraponto, anos mais tarde, a abordagem da ecologia populacional utilizou uma metáfora biológica para explicar a seleção sistêmica realizada pelo ambiente e que privilegia algumas organizações em detrimento de outras. Essa corrente defende que existe uma seleção natural que determina a sobrevivência das organizações em um ambiente análogo a um ecossistema.

Por sua vez, a abordagem dos sistemas sociotécnicos apresenta uma lente analítica para compreender os processos de adaptação entre sociedade e tecnologia. Esse movimento adaptativo também constitui um sistema interativo entre elementos humanos e não humanos.

Pelo exposto, sem dúvida podemos assumir que a TGS exerceu forte influência na evolução da teoria das organizações, que, sob diversas correntes, buscou explicar como se configura a relação entre o sistema interno de uma organização e os demais sistemas do ambiente que direta ou indiretamente o afetam.

Para saber mais

STEVE Jobs: como ele mudou o mundo. Direção: Bertrand Deveaud, Antonie Robin e Lauren Klein. EUA, 2011. 45 min.

Esse documentário retrata a ação de Steve Jobs, o empreendedor visionário que edificou a Apple. Em alguns momentos, Jobs conseguiu ajustes perfeitos com o ambiente a partir de uma perspectiva diferente da adotada por seus concorrentes. Teria o ambiente selecionado Steve Jobs ou foi ele quem alterou as regras do ambiente em que estava inserido?

Estudo de caso

O Hospital S. sob um enfoque sistêmico

No Hospital S., muita coisa mudou: novos fluxos de atendimento, terceirizações, enxugamento estrutural, além do desenvolvimento de um olhar constante para o ambiente externo. Comenta-se que o hospital não é mais o mesmo. As mudanças realmente foram benéficas. Com a abertura para atendimento pelos planos de saúde, obteve-se uma média de 88% na ocupação de leitos, o que representou um aumento de 18% em relação à situação inicial.

O D. Coronário e Henrico Fortuna estavam conversando sobre todas as mudanças recentes. O médico se mostrou convencido de que as mudanças foram protagonismo do Conselho Diretor. Já o diretor, em uma postura mais modesta, disse que apenas reagiu às transformações do ambiente.

Por um lado, a Diretoria teve de tomar decisões difíceis para se adaptar ao ambiente e aos sistemas externos. As terceirizações, por exemplo, revelaram-se um ajustamento perfeito às contingências ambientais. Entretanto, parece que o ambiente externo tinha interesse no funcionamento do Hospital S. e, por seleção funcional, viabilizava seu funcionamento ainda que em períodos de queda de receitas e dificuldades financeiras.

O maior banco da região chegou a subsidiar recursos para a garantia de funcionamento. O hospital obteve financiamento do capital de giro a juros mais baixos e recuperou a capacidade de negociação com seus fornecedores. A prefeitura parcelou os impostos em atraso e isso contribuiu para o reescalonamento de dívidas que ameaçavam a liquidez da instituição.

Inovações a caminho...

Com o restabelecimento dos fluxos de caixa do hospital, a direção passou a investir em tecnologia. Comprou um sistema de gestão hospitalar, promoveu treinamentos aos funcionários, e muitas das rotinas administrativas manuais passaram a ser integradas pela tecnologia da informação.

Contudo, essa mudança nos trâmites administrativos não tem sido fácil. Alguns profissionais estão demonstrando resistência, e houve, ainda, um caso isolado de boicote: uma tentativa de frear a transição de modelos burocráticos e controles manuais para bancos de dados eletrônicos. O caso foi tratado por uma comissão que conduziu um processo disciplinar, e o envolvido que intencionalmente apagou informações do sistema foi identificado e recebeu suspensão. Foi um caso isolado, mas serviu de alerta à direção, no sentido de fazer um acompanhamento mais próximo da transição e reforçar os treinamentos, para que os funcionários não cometam erros por imperícia.

Além disso, novos equipamentos foram comprados para as unidades de terapia intensiva (UTIs) e para o centro cirúrgico. Trata-se de equipamentos de última geração que permitem a realização de procedimentos menos invasivos e melhor controle pós-operatório. Com isso, aumentou-se a precisão nos diagnósticos e, com o passar do tempo, os profissionais começaram a operar esses equipamentos com mais habilidade.

Uma análise sistêmica... Agora é com você!

Afinal, houve ou não protagonismo por parte da direção? O fato de o hospital não ter fechado as portas ocorreu pela ação da Diretoria ou pelas forças ambientais que se manifestaram interessadas na manutenção da estrutura da instituição?

Na sua opinião, o hospital permanece aberto por capacidade de adaptação ou pelo interesse do ambiente em mantê-lo em funcionamento?

Que dimensões dos sistemas sociotécnicos é possível identificar no Hospital S.?

Questões para revisão

1. Quais elementos do pensamento sistêmico de Ludwig von Bertalanffy podem ser identificados na teoria contingencial?

2. Em que nível analítico de Kenneth Boulding a teoria da ecologia populacional pode ser categorizada?

3. Marque a alternativa correta:

   a) A teoria das organizações possibilitou o surgimento do pensamento sistêmico na medida em que a administração clássica se constituiu como um campo consolidado na ciência.

   b) Desde sua gênese, na administração clássica, o pensamento sistêmico influenciou o campo de estudos organizacionais quanto à compreensão das organizações como sistemas abertos e integrados.

   c) Os desencadeamentos da teoria geral dos sistemas na ciência chegaram ao campo da administração com o reconhecimento da influência do ambiente externo no funcionamento interno das organizações.

   d) O determinismo ambiental presumido pela ecologia populacional é uma referência clara de que os sistemas fechados são produtos do meio em que nascem.

4. Com base nos fundamentos da abordagem dos sistemas sociotécnicos, assinale com V as assertivas verdadeiras e com F as falsas.

( ) Eric Trist e Ken Bamforth são nomes importantes no estudo dos sistemas socioténicos.

( ) O sistema sociotécnico é pautado na ideia de sistemas fechados.

( ) O sistema sociotécnico parte do princípio de que deve haver equilíbrio e relação entre as partes que o compõem, como os subsistemas técnico e social.

( ) Os grupos autônomos de trabalho, identificados no estudo da indústria têxtil indiana em Ahmedabad por A. K. Rice, atuam sob os mesmos princípios do pensamento burocrático.

( ) Nos sistemas sociotécnicos, o homem é visto como um mero aparato da máquina.

Agora, marque a alternativa que apresenta a sequência correta:

a) V, F, V, F, F.

b) F, F, V, V, F.

c) V, V, F, V, V.

d) V, F, F, V, F.

5. Assinale a alternativa correta:

a) A teoria contingencial presume o determinismo ambiental sem que haja capacidade de ajuste estrutural tempestivo para garantir a adaptação ao meio.

b) A teoria da ecologia populacional presume que o ambiente determina as melhores formas estruturais, cabendo ao bom gestor fazer a correta adaptação e, assim, garantir a sobrevivência no meio em que se encontra.

c) A abordagem sociotécnica visa promover o ajuste ideal entre homem e máquina, presumindo os fundamentos ergonômicos da administração científica e o ajuste estrutural do sistema produtivo teorizado por Lex Donaldson.

d) A teoria da ecologia populacional é integradora e resolve a dicotomia entre a capacidade de agência da abordagem contingencial e a integração sociotécnica.

Questão para reflexão

1. Atualmente, as contingências ambientais parecem ser bastante evidentes. Entretanto, seus impactos nem sempre foram valorizados pelos grandes administradores. Henry Ford tinha como estratégia produzir o modelo Ford-T unicamente na cor preta, desconsiderando um importante fator ambiental: mudanças no comportamento de compra dos clientes. Com isso, perdeu liderança de mercado assim que outros fabricantes diversificaram seus produtos em decorrência da leitura das necessidades dos clientes. Sobre isso, reflita sobre a importância de considerar as modificações no comportamento de compra dos clientes para permanecer em alta no mercado.

5

Sistemas como ferramentas gerenciais

Conteúdos do capítulo:
- Sistemas administrativos.
- Sistemas de qualidade.
- Sistemas de produção.

Após o estudo deste capítulo, você será capaz de:
1. identificar a influência da teoria geral dos sistemas (TGS) em modelos de gestão administrativa, sistemas de qualidade e de produção;
2. compreender como os modelos atuais são conectados com as exigências do ambiente externo, tanto as normativas como as relacionadas ao comportamento de compra dos consumidores.

5.1 Introdução

A partir da visão sistêmica, percebeu-se que as organizações eram formadas por subsistemas e que integravam outros sistemas ainda maiores no ambiente. Como consequência, ocorreu a elaboração de modelos e ferramentas de gestão que levassem em conta essa complexidade.

Alguns desses modelos e ferramentas refinaram o pensamento clássico, como, no caso da releitura das funções administrativas descritas por Fayol (1990), que posteriormente inspiraram o ciclo PODC (planejar, organizar, dirigir, controlar), os sistemas de qualidade total e de gestão da produção. Outras ferramentas surgiram como inovações que romperam com as perspectivas vigentes, como no caso do modelo de produção enxuta desenvolvido no Japão durante o processo de reconstrução pós-guerra.

Assim, neste capítulo, discutiremos alguns modelos prescritivos de gestão, bem como as ferramentas desenvolvidas para se adaptarem às exigências do mercado. Para isso, partiremos do colapso do modelo de produção fordista e abordaremos o surgimento de modelos japoneses, principalmente aqueles dedicados à gestão da qualidade. Por fim, destacaremos as implicações práticas no dia a dia das organizações através de seus sistemas de gestão.

5.2 A importância do olhar sistêmico na gestão

Após a década de 1950, a visão de que uma organização nada mais é do que um sistema aberto que integra outros sistemas ambientais foi consolidada no campo de estudos organizacionais e de gestão. Os departamentos, antes geridos de forma independente – financeiro, produção, recursos humanos etc. –, passaram a ser compreendidos como subsistemas dentro de um sistema maior, a organização, a qual, por sua vez, integra outros sistemas, formando redes interdependentes (Stevenson, 2001).

Cabe ressaltar que cada subsistema dessa rede apresenta objetivos próprios, mas nem por isso opera de forma isolada. As organizações abrigam uma grande variedade de fatores e buscam adotar práticas gerenciais diversas com vistas ao alcance dos objetivos organizacionais (Cunha; Santos, 2005). Para Maximiano (2006, p. 3), uma organização pode ser considerada "um sistema de recursos voltado ao alcance de um ou mais objetivos". Porém, na interação entre vários sistemas, muitas vezes os objetivos são compartilhados. Consequentemente, a convergência de interesses desses sistemas e subsistemas os faz operar de forma colaborativa, ainda que se beneficiem de diferentes consequências dos resultados atingidos conjuntamente.

Por exemplo, os objetivos do setor financeiro não são exatamente os mesmos do setor de gestão de pessoas. O primeiro busca a redução de custos e despesas, enquanto o segundo busca reter talentos, treinar e desenvolver pessoas – o que nem sempre apresenta retorno financeiro imediato. No entanto, ambos compartilham a busca pelo cumprimento da missão da empresa e pela viabilização de sua visão de futuro. Desse modo, a realização do objetivo geral da organização é o que une esses dois subsistemas de naturezas tão distintas e por vezes dicotômicas.

Algumas inovações nos processos de gestão podem acontecer tanto internamente quanto de maneira articulada em todo um setor produtivo, a exemplo das parcerias entre empresas que inovam de forma colaborativa e se configuram como macro-organizações. As parcerias passaram a ser comuns, muitas vezes com vistas ao desenvolvimento de novas tecnologias e à ampliação da área de atuação, por meio do atendimento de mercados antes desconsiderados (Cunha; Santos, 2005).

Muitas vezes, pequenas empresas realizam compras colaborativas de um único fornecedor para a obtenção de melhores descontos, com a finalidade de baixar os preços ao consumidor final. Com essa ação sistêmica, podem enfrentar empresas maiores que dominam o mercado com preços mais competitivos, garantindo a sobrevivência. Caso contrário, o custo maior resultante de um lote pequeno de compra de matéria-prima elevaria o preço do produto ao consumidor final, que optaria por comprá-lo a um preço menor em uma grande rede que provavelmente dispõe de maior poder de barganha nas negociações com os fornecedores. Portanto, ao tratarmos de sistemas, não podemos deixar de considerar o ambiente, ou seja, os diversos fatores externos ao sistema operacional numa relação de interdependência.

Quando falamos em sistema, a grande questão é que o todo é maior do que a soma das partes. Assim, sempre que há uma decisão a ser tomada no âmbito organizacional, a visão sistêmica é essencial para se avaliar o impacto de determinada ação sobre todas as suas partes, e não única e exclusivamente sob um enfoque estreito (Stevenson, 2001).

A seguir, abordaremos modelos de gestão categorizados como sistema administrativo, sistema de qualidade e sistema de produção. Na discussão sobre cada um deles, retornaremos as concepções de sistemas abertos e fechados.

5.3 Enfoque sistêmico na gestão de processos administrativos

Os sistemas administrativos carregam os fundamentos da teoria geral dos sistemas (TGS) em sua gênese. Sua dinâmica de funcionamento é cíclica: conta com entradas, processamentos e retroalimentação. Uma organização vista através da lente sistêmica é composta por uma série de subsistemas, como os de coordenação das atividades, tomada de decisão e execução de atividades operacionais (Oliveira, 2002). Tais sistemas se integram e convergem pelo interesse nos resultados produzidos a partir de suas interações.

No dia a dia, as pessoas buscam ferramentas para a condução de suas atividades e processos. Numa empresa, por exemplo, é comum haver momentos de planejamento; de organização daquilo que é necessário – pessoas, equipamentos, recursos financeiros etc. – para colocar o plano em execução;

de condução da ação planejada; e de controle sobre o resultado. Note que essa forma de conduzir as atividades em uma organização forma um ciclo, ou melhor, um sistema. É possível analisá-lo como sendo um sistema aberto ou utilizar o esquema analítico de um sistema fechado para melhor compreender e conduzir as atividades envolvidas em um processo de natureza administrativa.

As funções administrativas descritas por Henry Fayol, a partir da década de 1950, foram revisitadas pelo professor Peter Drucker (2010), cuja obra popularizou o **ciclo PODC (planejamento, organização, direção e controle)** (Maximiano, 2000). Essa ferramenta é a estruturação sistematizada de processos conduzidos pela administração, conforme detalhamos no Quadro 5.1.

QUADRO 5.1 – Descrição das atividades do ciclo PODC

Planejamento	Envolve a tomada de decisões acerca dos objetivos e recursos demandados.
Organização	Assume o papel decisório sobre a hierarquia e divisão de recursos para executar tarefas e alcançar as metas.
Direção	Refere-se às decisões relacionadas à mobilização de recursos para a realização das tarefas e o alcance dos resultados esperados.
Controle	Diz respeito às decisões e ações que garantam o alcance dos objetivos.

FONTE: Elaborado com base em Maximiano, 2000; Fayol, 1990.

Como etapas processuais e contínuas do cotidiano organizacional, essas atividades interagem, formando um ciclo ou um nível de sistema fechado, em que o planejamento que precede a organização e o controle é alimentado com informações apreendidas nas saídas do ciclo, como um mecanismo de *feedback*.

Figura 5.1 – Ciclo PODC

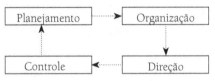

Fonte: Elaborado com base em Maximiano, 2000.

O ordenamento representado na Figura 5.1 forma um ciclo virtuoso de melhoria contínua dos processos, tornando-os cada vez mais efetivos e eficientes.

5.4 Enfoque sistêmico na gestão da qualidade

A virtuosidade das ferramentas de gestão que apreendem a realidade organizacional como se fossem sistemas também está presente na gestão da qualidade. Partindo-se do conceito de gestão da qualidade até a gestão da qualidade total, algumas etapas desse percurso podem ser identificadas (Maximiano, 2006).

A primeira delas, a **era da inspeção**, consistiu na seleção a partir da observação direta – os produtos adequados eram isolados dos que apresentavam algum tipo de defeito, mas não havia orientação sistêmica quanto às ações de gestão da conformidade da qualidade, ou seja, a gestão da qualidade ocorria ao final do processo, por meio de ações reativas. Esse pensamento foi notável na Revolução Industrial, quando houve ganhos de produtividade por conta de ampla utilização de máquinas para a produção de bens em larga escala. A qualidade dos produtos passou a ser designada a um inspetor que realizava verificações ao final do processo produtivo. Em decorrência dos grandes volumes de produção e da inviabilidade de se inspecionar a qualidade produto a produto, o controle estatístico da qualidade marcou a era seguinte (Carvalho; Paladini, 2012).

Nesse campo, Walter A. Shewhart empreendeu importantes contribuições e acabou sendo reconhecido como uma referência no **controle estatístico da qualidade** (Carvalho; Paladini, 2012). Ele também desenvolveu as bases da metodologia do ciclo PDCA (*plan* – planejar; *do* – executar; *check* – verificar; *act* – agir), que foi divulgado e aprimorado por William Edwards Deming (Moen; Norman, 2006). Esse método consiste em etapas sequenciais de atividades que visam à melhoria do processo. Seu *start* ocorreu com o planejamento da administração, seguindo para as fases de processamento do produto planejado, verificação de seu atendimento e respostas ao processo como um todo, com a implantação de melhorias e ajuste de falhas, reiniciando-se o ciclo novamente e de forma contínua (Imai, 2005). Notavelmente, as ferramentas que desenvolvem seus processos remetendo a ciclos retroalimentados são a expressão do pensamento sistêmico aplicado à gestão da qualidade.

Com a chegada do pensamento humanista ao campo da administração, em meados da década de 1930, a gestão da qualidade passou a ter uma perspectiva de sistema aberto, com modelos de gestão mais robustos. Para além do controle estatístico da conformidade dos resultados, aspectos psicológicos e sociais passaram a integrar variáveis até então não exploradas no gerenciamento da qualidade: era necessário que o trabalho fosse relevante o suficiente a ponto de envolver os operários na qualidade de sua atividade (Carvalho; Paladini, 2012). Assim, a gestão da qualidade encontrava-se em transição: do controle do resultado para uma visão holística das condições do processo produtivo.

Destacou-se, então, a ideia do **controle de qualidade total** (**TQC** – *total quality control*), concebida sob uma perspectiva sistêmica mais complexa que as anteriores (Maximiano, 2006). O gerenciamento da qualidade deixou de ser apenas uma atividade de inspeção do resultado final e passou a representar uma perspectiva integrada a todo o processo produtivo, garantindo que cada etapa fosse orientada pelas exigências do ambiente externo: em vez da adequação aos padrões estabelecidos pela intuição unilateral dos gestores, a qualidade passou a ser adequada às necessidades e exigências dos clientes. Sob essa ótica, o período que se seguiu à Segunda Guerra Mundial foi marcado por grandes avanços nos processos produtivos das indústrias que fomentavam o crescimento econômico após décadas de instabilidade. A área da qualidade se solidificou nos Estados Unidos, sendo que, em 1946, foi inaugurada a American Society for Quality Control (ASQC)[1], com o envolvimento de importantes atores da área da qualidade. Nos anos de 1950, surgiu a abordagem sistêmica pioneira no âmbito da qualidade, com destaque para Joseph Moses Juran, Armand Feigenbaum e Philip B. Crosby – este último conhecido pela implantação do programa Zero Defeito. Juran, por meio de alguns livros publicados, contribuiu para a evolução da qualidade em termos estratégicos (Carvalho; Paladini, 2012).

Durante a recuperação da economia japonesa no período pós-guerra, Deming e Juran, importantes nomes da área da gestão da qualidade estadunidense, estiveram no Japão (Carvalho; Paladini, 2012). Foi nesse período que começaram a ser empregadas ações com vistas a melhorias das práticas de controle de qualidade no país. Como consequência disso, modelos de gestão de qualidade foram adaptados e aprimorados em solo japonês. Juran palestrou acerca do controle de qualidade no âmbito da administração total, e Deming, que

---

1 Atualmente, o órgão é conhecido apenas como American Society for Quality (ASQ).

era um entusiasta da aplicação de ferramentas estatísticas no controle de qualidade, empreendeu esforços no ensinamento do controle estatístico da qualidade (Imai, 2005). Tamanha foi sua importância no desenvolvimento de modelos de gestão de qualidade que, como reconhecimento, a Associação Japonesa de Ciência e Engenharia (Juse) instituiu o Prêmio Deming como forma de certificar as empresas de destaque em termos de qualidade e confiabilidade de produtos (Deming, 1990).

Armand Feigenbaum popularizou o termo *total quality control* (TQC) nos Estados Unidos para definir um sistema eficaz de qualidade em toda a organização, com uma produção mais econômica e foco no cliente. A partir do TQC, foi desenvolvido o **total quality management (gestão da qualidade total – TQM)**, cujo foco está na incorporação da qualidade na função gerencial, com o objetivo de desenvolver um olhar para além das atividades de controle, ou seja, uma visão mais ampla (Carvalho; Paladini, 2012). Para que haja o alcance do controle de qualidade total, é preciso que os gestores desempenhem seu papel com liderança, compartilhando conhecimentos em todos os níveis, bem como estabelecendo programas internos voltados à qualidade (Feigenbaum, 1994).

O Japão se destacou em relação ao desenvolvimento de ferramentas de gestão da qualidade, pois, na recuperação de sua economia, recebeu e formou especialistas, além de ter importado técnicas que auxiliaram o país a desenvolver as próprias metodologias. Taiichi Ohno, por exemplo, ficou conhecido pelos ótimos resultados obtidos a partir da implementação do Sistema Toyota de Produção (sistema de produção enxuta), que visava à redução do desperdício. Inspirado nos supermercados americanos, isto é, na forma de reabastecimento de suas prateleiras quando ficavam vazias e na filosofia de que em um supermercado o cliente adquire o que precisa, no momento e na quantidade necessários, Ohno instituiu o sistema kanban.

No final da década de 1940, já aplicava e estudava seus métodos no contexto da fábrica da Toyota, combinando essas ideias ao sistema *just in time* (JIT) (Ohno, 1997).

Também é importante destacar os Círculos de Controle de Qualidade (CCQs), os quais consistem em pequenos grupos internos da empresa que, de forma voluntária e contínua, trabalham com vistas à qualidade. Os CCQs constituem somente uma ramificação dos programas maiores de qualidade da organização como um todo, como o TQC ou o CWQC (*Company Wide Quality Control*, ou controle da qualidade por toda a empresa) (Imai, 2005).

Na década de 1980, o programa de gestão da qualidade total atingiu maior popularidade e inspirou sua aplicação e adaptação em organizações em todo o mundo (Maximiano, 2006). A internacionalização da produção estimulou a padronização da qualidade dos produtos comercializados em diferentes países, dando origem a normativas e sistemas de garantia da qualidade – a exemplo da série ISO 9000, da International Organization for Standardization (ISO) (Carvalho; Paladini, 2012). Atualmente, os programas de gestão da qualidade total se configuram como sistemas focados na melhoria contínua para obter satisfação plena dos clientes em um contexto de mudanças muito rápidas (Shiba; Graham; Walden, 1997).

5.5 Enfoque sistêmico na gestão da produção

Para compreender os diversos sistemas de produção que surgiram ao longo do último século, é preciso considerá-los a partir do contexto em que foram desenvolvidos. Em outras palavras, propomos a compreensão dos sistemas de produção sob um enfoque mais amplo daquele que os toma como sistemas fechados. Sob essa ótica, é necessário observar, principalmente, como as variáveis ambientais, tais como os contextos histórico e cultural, influenciaram no desenvolvimento de sistemas de produção que contribuíram para o desenvolvimento industrial de cada época.

O **sistema de produção artesanal** pautava-se na produção de um item de cada vez. Nesse modelo produtivo, demandavam-se trabalhadores bastante qualificados e conhecedores de cada detalhe em relação ao produto com que trabalhavam. Muitos deles se autoadministravam – eram empreendedores autônomos. As ferramentas utilizadas eram simples e flexíveis. Buscava-se o atendimento das exatas especificações exigidas pelos consumidores, e dificilmente dois produtos finais seriam exatamente iguais. Cabia aos próprios trabalhadores artesanais ajustar o produto conforme as necessidades do cliente, uma vez que os fornecedores não tinham padrões de produção (Womack; Jones; Roos, 1992).

O modelo de organização era descentralizado, e as máquinas utilizadas eram gerais e não dedicadas. Em meados de 1905, muitas companhias passaram a produzir automóveis sob os moldes artesanais, e, após a Primeira Guerra Mundial, a indústria automobilística evoluiu para o sistema de produção em massa (Womack; Jones; Roos, 1992).

No **modelo de produção em massa**, predominavam a especialização e a padronização, com trabalhadores pouco qualificados e que repetiam constantemente uma mesma tarefa. O resultado eram produtos mais baratos para o consumidor, em contraste com um método de trabalho monótono para o trabalhador. Para os produtores dessa época, bastava produzir algo bom o suficiente, tolerando certa quantidade de defeitos e o acúmulo de estoque (Womack; Jones; Roos, 1992).

Segundo Womack, Jones e Roos (1992, p. 14), "a chave para a produção em massa não residia [...] na linha de montagem em movimento contínuo. Pelo contrário, consistia na completa e consistente intercambiabilidade das peças e na facilidade de ajustá-las entre si", fruto da padronização estabelecida por Henry Ford. Com vistas a tornar o processo produtivo mais rápido, prezando pela economia e pelo rendimento, estabeleceu-se o suprimento de materiais necessários aos trabalhadores diretamente em seus postos. A produção em massa de Ford foi a base de produção das indústrias automobilísticas por muitos anos, sendo que esse modelo era visto por ele como de grande potencial para ser estendido também a outros setores (Ford, 1964).

A característica do modelo de produção em massa foi a divisão do trabalho, em que o trabalhador era o responsável por uma única tarefa e seu ritmo de trabalho era ditado pela linha de montagem. As máquinas eram dedicadas, bastante precisas e ordenadas de acordo com o fluxo produtivo, de forma a tornar o processo mais ágil e padronizado. Entretanto, essa dedicação exagerada causava problemas de flexibilidade, engessando máquinas e trabalhadores. A padronização dos produtos, por sua vez, não se adaptava às demandas de todos os mercados do mundo. O sistema produtivo da Ford era fechado em si mesmo e focado no processo – portanto, evitava depender de qualquer auxílio externo (Womack; Jones; Roos, 1992).

Na busca por um modelo produtivo que aliasse menores custos e maior flexibilidade, surgiu a **produção enxuta** (*lean manufacturing*), resgatando o que de melhor havia nos sistemas de produção artesanal e em massa. Essa nova vertente demandava trabalhadores com qualificações múltiplas, bem como máquinas flexíveis e automatizadas, objetivando produção variada, com economia em todos os sentidos (esforço do trabalhador, área fabril, investimento em ferramentas, horas despendidas em planejamento de novos produtos, estoques e defeitos) (Womack; Jones; Roos, 1992).

Ohno sustentou a ideia de produção de pequenos lotes, eliminando-se os custos financeiros de estoques gerados pela produção em massa, e percebeu que a produção de peças em menor quantidade evidenciava os erros de prensagem mais rapidamente, em contraste com o modelo de produção em massa, em que os erros em geral apareciam no final do processo produtivo. Então, a qualidade passou a ser um fator de grande preocupação, o que demandava trabalhadores mais qualificados, motivados e proativos. Esse modelo produtivo buscava, portanto, a perfeição – redução de custos, ausência de defeitos, estoque zero e variedade produtiva (Womack; Jones; Roos, 1992).

Após a guerra, Ohno visitou muitas vezes a fábrica da Ford, em Detroit, e considerou o sistema cheio de desperdícios. Quando retornou à Toyota, iniciou experimentos que culminaram em significativos resultados ao sistema de qualidade japonês. Incentivou o trabalho em equipe através do papel de um líder, e não mais de um supervisor; atribuiu múltiplas tarefas às equipes e as envolveu em grupos de sugestões de melhorias de processo contínuo – *kaizen* (iniciativa conhecida no Ocidente como *Círculos de Controle de Qualidade*). Além disso, comprometeu toda a equipe no processo de qualidade, introduzindo cordas sobre cada posto de trabalho para que qualquer um pudesse parar toda a produção na ocorrência de algum problema que não conseguissem reparar. Diferentemente da linha de montagem, em que os erros eram detectados apenas ao final do processo e tidos como eventuais, na Toyota, quando ocorria algum problema, este era analisado a partir do sistema dos cinco porquês, que interrogava sistemática e sucessivamente os motivos da ocorrência indesejada a fim de evitar novamente o mesmo tipo de falha (Womack; Jones; Roos, 1992).

No período posterior à Primeira Guerra, Alfred Sloan (da General Motors) e Henry Ford introduziram o sistema de produção em massa, em substituição à tradicional e dominante produção artesanal, liderada pela Europa. Como resultado dessa transição de modelo produtivo, os Estados Unidos passaram a dominar a economia mundial (Womack; Jones; Roos, 1992). As antigas técnicas de gerenciamento da produção induziam os gestores a compreender a organização como um sistema fechado, e esse esquema analítico apresentou disfunções que levaram ao desenvolvimento de outros modelos.

Em face das fragilidades do sistema fordista de produção, já ineficiente para o contexto histórico da década de 1950, o **Sistema Toyota de Produção** passou a ser adotado pelas indústrias ocidentais. Tal sistema, baseado na ideia de eliminação de desperdícios, qualidade no processo produtivo e administração participativa, foi concebido por Eiji Toyoda e Taiichi Ohno nos anos de 1950 (Maximiano, 2006). O modelo Toyota foi muito bem-sucedido e contribuiu para que o Japão recuperasse o crescimento econômico no pós-guerra.

Eiji Toyoda

Eiji Toyoda formou-se na Universidade de Tóquio, em 1936. Em 1950, assumiu a diretoria geral da Toyoda Automotive Works.

Após uma viagem à cidade de Detroit, nos Estados Unidos, para uma visita à fábrica Rouge, da Ford, o engenheiro Toyoda, juntamente com Ohno, percebeu que a produção em massa adotada na fábrica da Ford não sobreviveria no

Japão, considerando-se o contexto pelo qual o país passava. O mercado doméstico limitado exigia veículos variados. Além disso, a força de trabalho japonesa não aceitava mais ser considerada um mero aparato intercambiável, e a economia do país, destruída pelo período da guerra, necessitava crescer rapidamente. O período posterior à Segunda Guerra Mundial foi o período em que surgiu o Sistema Toyota de Produção e a denominada *produção enxuta*, levando o Japão a ascender em termos econômicos.

FONTE: Elaborado com base em Womack; Jones; Roos, 1992.

Analisemos o como sob uma perspectiva mais ampla: o sucesso do sistema de produção japonês não estava somente na técnica desenvolvida, mas também em como ela era operacionalizada. A ascensão japonesa estava muito ligada a aspectos culturais e ao estilo de vida do Japão: disciplina, organização, maximização de recursos escassos etc. Assim, fica claro que os sistemas de gestão da produção estão intimamente atrelados ao contexto cultural em que se desenvolvem (Morgan, 1996).

Sobre os aspectos culturais dos sistemas de gestão da qualidade no Japão

Os japoneses costumam se envolver em projetos de difícil resolução, estimulam o trabalho em equipe, valorizam a disciplina e o respeito mútuo. Isso pode estar associado ao costume histórico de trabalhar com plantações de arroz, uma atividade difícil que demanda cooperação para evitar o comprometimento da produtividade da colheita.

Além disso, as organizações japonesas refletem uma convivência formal e respeitosa, cujas origens podem estar no espírito servil do samurai, trabalhador que cuidava das colheitas de arroz dos fazendeiros e, ao mesmo tempo, dependia dessas colheitas para sua subsistência. Acrescentamos que, no Japão, a hierarquia é vista mais como um sistema de cooperação entre as partes do que como um controle opressivo de cima para baixo (Morgan, 1996).

Segundo Maximiano (2006, p. 136), "O sistema Toyota aplica três ideias principais para eliminar desperdícios: racionalização da força de trabalho, *just in time* e produção flexível". A flexibilidade do sistema permite que ele responda rapidamente às circunstâncias do ambiente: pelo ajuste do espaço produtivo e de suas tecnologias; pela adequação da melhor linha de produção; pela qualificação de seus trabalhadores, que devem ser mais generalistas e capazes de atuar em situações diversas; ou pela cooperação entre os diversos departamentos da organização (Ferro, 1990).

Nos itens a seguir, apresentaremos o sistema kanban e os modelos produtivos *just in case* (JIC) e *just in time* (JIT), evidenciando suas relações com o contexto da indústria japonesa do período pós-guerra.

5.5.1 Sistema kanban

O sistema kanban se configura como um sistema de controle de produção e inventário que, literalmente, significa "registro visível do chão de fábrica". Conduz informações de produção aos postos de trabalho que o circundam e com os quais se relaciona. De forma geral, sua aplicação era realizada em forma de cartões, porém poderia ser qualquer sinal (Moura, 2003). Atualmente, os sistemas são informatizados, e os cartões físicos caíram em desuso.

Segundo Martins e Laugeni (2005), o kanban tinha como objetivo sinalizar a necessidade de um determinado suprimento e garantir que ele fosse entregue em tempo, para que o fluxo não fosse interrompido, "puxando" as etapas em direção da linha de montagem final. O processo ocorria da seguinte maneira: um operador que percebia a necessidade de suprimentos para a produção entregava o cartão kanban, que continha as informações referentes ao que era demandado, e coletava outro cartão (Maximiano, 2006). Essa lógica de funcionamento acabou criando um modelo integrador, de interação e de comunicação até então inexistentes nas organizações.

De acordo com Moura (2003), o sistema kanban se configura como uma ferramenta de controle de produção cuja função se pauta na solicitação de produção no setor produtivo e na instrução de retirada na etapa seguinte.

Diferentemente do que se pode pensar, kanban e JIT não são a mesma coisa (Moura, 2003). O kanban é apenas um elemento do modelo JIT. Trata-se de uma técnica de "puxar" que representa apenas uma dentre as várias ações que devem ser implementadas para se alcançar a filosofia completa do JIT (Moura, 2003). Segundo Ohno (1997), o kanban é a ferramenta usada para operar esse sistema, e sua gênese partiu de uma ideia oriunda dos supermercados americanos. Como já comentamos na Seção 5.4, o modelo americano de trabalho em supermercados gerou *insights* para que Ohno o relacionasse ao modelo JIT que havia desenvolvido – as prateleiras eram reabastecidas à medida que ficavam vazias e, como o espaço era restrito, os itens realmente só eram repostos na ocorrência de necessidade (Moura, 2003).

5.5.2 *Just in case* (JIC)

No modelo *just in case* (JIC), predominante nas indústrias ocidentais até a década de 1950, as etapas do processo de produção não são integradas e funcionam como sistemas independentes, cujo *output* (resultado) é empurrado na sequência para o próximo destino, formando estoques em cada etapa do processo (Stevenson, 2001).

No JIC, a indústria garante o atendimento da demanda do mercado por meio da formação de estoques de mercadorias (Antunes Júnior; Kliemann Neto; Fensterseifer, 1989). Os estoques de segurança são necessários para o atendimento de demanda em caso de imprevistos, mas acabam onerando espaço, material e capital. A organização que adota essa filosofia tradicional torna-se engessada e pouco flexível (Antunes Júnior; Kliemann Neto; Fensterseifer, 1989). O modelo JIC apresenta as características de um sistema fechado. Pela limitação em estabelecer comunicação tanto entre seus subsistemas (setores e etapas do processo produtivo) quanto com outros sistemas (mercado e suas oscilações de demanda), revela-se limitado em face das necessidades de modos de produção mais eficientes que deem conta de mercados cada vez mais dinâmicos.

A seguir, sintetizamos as principais características do modelo JIC conforme Antunes Júnior, Kliemann Neto e Fensterseifer (1989).

Características do modelo JIC:

- Sistema "empurrado".
- Formação de estoques.
- Bases provenientes do fordismo.
- Especialização.

Nas décadas de 1950 e 1960, ascendeu um modelo japonês de administração que trouxe consigo novas técnicas de produção. Uma inovação trazida pela indústria japonesa, em oposição ao tradicional modelo fordista, foi o alcance de um modelo de produção em massa mais flexível, conhecido como *just in time* (JIT), o que possibilitou um maior controle entre oferta e demanda, migrando-se da produção "empurrada" para a produção "puxada" (Moraes Neto, 1998).

5.5.3 *Just in time* (JIT)

O *just in time* (JIT) é uma filosofia gerencial que, além de eliminar desperdícios, visa disponibilizar o adequado suprimento necessário na hora e no lugar corretos, contribuindo de forma positiva para a redução de custos e estoques, bem como para atingir melhor qualidade (Martins; Laugeni, 2005). Essa filosofia modula um sistema aberto integrado aos sistemas do ambiente, sejam fornecedores, sejam consumidores.

Os sistemas inspirados no JIT foram denominados *enxutos* pois funcionam sem excessos, tanto de estoques quanto de trabalhadores, com vistas à redução do desperdício, e são usados, em especial, na produção em série (Stevenson, 2001). O princípio das operações enxutas está no desenvolvimento de fluxos mais ágeis e seguros, a partir da produção de bens e serviços de mais alta qualidade e baixo custo (Slack; Chambers; Johnston, 2009).

Sua operação é baseada na resposta imediata ao mercado, com produção limitada em pequenos lotes e eliminação de atividades que não agregam valor ao produto (Antunes Júnior; Kliemann Neto; Fensterseifer, 1989). O JIT, portanto, significa produzir no momento certo, ou seja, nem antes – para não gerar estoques – nem depois – para não gerar insatisfação do cliente (Slack; Chambers; Johnston, 2009).

Quando o JIT foi desenvolvido na indústria japonesa, o suprimento da linha de produção utilizava cartões (*kanban*) sinalizadores para a integração dos setores – tal qual um sistema aberto –, os quais indicavam a necessidade e a movimentação dos insumos (Maximiano, 2006). Mas lembre-se: kanban e *just in time* não são sinônimos (Moura, 2003). Conforme já expusemos, o kanban é apenas um elemento do modelo JIT (Moura, 2003).

Empresas que operam com base no sistema de produção enxuta e no JIT tendem a ter menores custos de produção, melhor nível de qualidade e mais agilidade para responder às contingências do mercado (Stevenson, 2001). Do ponto de vista sistêmico, podemos afirmar que o modelo JIT se revela um sistema aberto que troca informações com o ambiente e rapidamente responde às suas demandas.

A meta do JIT é criar condições para o estabelecimento de um sistema balanceado, com um fluxo, ao mesmo tempo, tênue e rápido de materiais ao longo do fluxo produtivo no sistema. Para tanto, alguns objetivos são buscados constantemente:

- acabar com as paralisações, que podem ser originárias de problemas com a qualidade, do não funcionamento de equipamentos e de atrasos de fornecimento, por exemplo;
- ser um sistema flexível, que responde rapidamente às mudanças de nível de *output*, trazendo o sistema para o equilíbrio e conservando seu fluxo (*throughput*);
- minimizar os tempos de *setup*[2] e *lead time*[3], com vistas à melhoria contínua;

---

2 "Tempo necessário para a troca de uma ferramenta e ajuste da máquina até que seja possível a produção de itens conformes (N.R)" (Stevenson, 2001, p. 507).
3 "Tempo decorrido entre a emissão de um pedido e o recebimento da mercadoria correspondente" (Stevenson, 2001, p. 427).

- reduzir estoques, uma vez que mantê-los apenas consome recursos monetários e físicos da empresa;
- acabar com o desperdício de qualquer natureza (materiais, tempo, movimentação, trabalho e produtos prontos), viabilizando recursos e contribuindo para um aumento na produção (Stevenson, 2001).

A seguir sintetizamos as principais características do JIT conforme Slack, Chambers e Johnston (2009).

Características do modelo JIT:

- Fluxo "puxado" pela demanda.
- Controle kanban.
- Decisões de planejamento e controle descentralizadas.
- Flexibilidade de recursos.

A adoção da abordagem JIT exige um enfoque sistêmico, pois demanda o comprometimento de todos os níveis administrativos em todos os setores da organização. Portanto, esse modelo exige cooperação entre a administração do negócio, seus trabalhadores e seus fornecedores (Stevenson, 2001).

O JIT não se aplica a qualquer tipo de negócio, uma vez que determinados produtos, como bens de consumo, são normalmente produzidos com vistas à formação de estoque para venda quando necessário. Diferentemente, automóveis, por exemplo, são em geral fabricados sob demanda, evitando-se acúmulo de estoque e seguindo-se o modelo de produção do JIT (Stevenson, 2001).

5.5.4 Principais diferenças entre os sistemas JIC e JIT

No Quadro 5.2, apresentamos de forma sintética e não exaustiva algumas diferenças entre os dois sistemas de produção que fomentaram o desenvolvimento industrial durante o século XX.

QUADRO 5.2 – Diferenças entre JIC e JIT

JIC	JIT
Sistema de produção "empurrado"	Sistema de produção "puxado"
Sistema "robusto"	Sistema "enxuto"
Formação de estoques	Minimização de estoques
Centralização	Descentralização
Organização engessada, pouco flexível	Organização flexível
Controle de qualidade no final do processo e por amostragem; setor isolado	Controle de qualidade em todo o processo
Trabalhadores especializados e dedicados	Trabalhadores treinados para suas funções e para a melhoria contínua do sistema
Sistema fechado	Sistema aberto

FONTE: Elaborado com base em Antunes Júnior; Kliemann Neto; Fensterseifer, 1989; Moraes Neto, 1998; Stevenson, 2001; Slack; Chambers; Johnston, 2009; Martins; Laugeni, 2005.

Com base em todo o exposto, é possível associar a mudança do modelo de produção JIC para o JIT à evolução do conceito de sistemas fechados para o de sistemas abertos. Enquanto o modelo JIC, cujas bases emergem do fordismo, tem um caráter de sistema fechado, o modelo JIT responde ao ambiente, ou seja, sua produção é puxada pelas demandas externas, configurando-se, então, como um sistema aberto.

Síntese

Neste capítulo, mostramos que as ferramentas de gestão das organizações contemporâneas são em grande parte desenvolvidas com base em pressupostos da TGS que se consolidaram no campo da administração. Com a compreensão do papel do ambiente e o reconhecimento das organizações produtivas como sistemas abertos, as formas de gerir os processos e a produção de bens e serviços evoluíram para dar conta dessa complexidade de interações.

Nesse sentido, os sistemas de gestão de processos, de qualidade e de produção que apresentamos são exemplos da presença de um olhar sistêmico aplicado ao ambiente corporativo. A presunção de sistemas fechados ainda existe, mas trata-se de um esquema analítico deliberadamente delineado, admitindo-se que em níveis mais abstratos eles se integram a outros subsistemas do ambiente. A releitura da Escola Clássica, com a correção de seus aspectos limitantes em face de um ambiente mais complexo (após a Segunda Guerra Mundial), deu origem a ferramentas cíclicas de melhoria de processos. As funções administrativas descritas por Fayol (1990) inspiraram a ferramenta sistêmica PODC, tida como arquétipo de ferramentas informatizadas nas organizações contemporâneas.

Também destacamos que os programas de gestão da qualidade obtiveram sucesso ao considerar o caráter sistêmico do ambiente fabril, influenciado por aspectos físicos, sociais e simbólicos, o que envolve não apenas meios materiais de realizar uma tarefa com qualidade, mas a percepção dos sujeitos sobre a importância da qualidade na contribuição de seu trabalho em um produto ou serviço construído mediante uma ação sistêmica.

Além disso, vimos que os sistemas de produção também tiveram grandes avanços sob a influência da TGS. A partir do enfoque sistêmico, eles passaram a promover a integração de setores que trabalhavam em pouca sincronia, evitando o acúmulo de materiais em estoque e gargalos produtivos. Sob essa ótica, o modelo JIT representou uma evolução em relação ao modelo fordista vigente até meados da década de 1950 e conseguiu otimizar recursos por meio da produção puxada pela integração entre consumidor final, indústria e fornecedores.

As ferramentas e os modelos que examinamos representaram o início de uma revolução que desencadeou avanços potencializados pela tecnologia de informação. Embora as interfaces dessas ferramentas se apresentem de formas distintas nas organizações, têm sua gênese nos desdobramentos da TGS na esfera administrativa.

Para saber mais

FÁBRICA de loucuras. Direção: Ron Howard. EUA: Paramount Pictures, 1986. 112 min.

No filme *Fábrica de loucuras* (1986), dirigido por Ron Howard, uma importante fábrica de automóveis é fechada em uma cidadezinha dos Estados Unidos, chamada Hadleyville. Como a fábrica é a fonte de trabalho para muitos habitantes da cidade, Hunt Stevenson, um correspondente americano, é enviado ao Japão com a missão de convencer um grupo japonês – Assan Motors Company – a comprá-la e reabri-la. Os japoneses aceitam a proposta, porém um choque de culturas e de métodos de trabalho ocorre em seguida.

No decorrer das cenas, é possível identificar as diferenças culturais e de modelos industriais entre o Japão (toyotismo) e os Estados Unidos (fordismo). Enquanto os americanos se pautam nas produções baseadas nas linhas de montagem e em escala com vistas à redução de custos (características já trabalhadas no Capítulo 2 desta obra), os japoneses se utilizam de um sistema flexível de produção regulado pela demanda, com baixo desperdício e foco na qualidade

Estudo de caso

Ferramentas gerenciais do Hospital S.

O hospital está melhorando a cada dia. Os funcionários parecem mais engajados e passaram a se preocupar mais com a qualidade dos serviços prestados. Eles realmente querem fazer o melhor que podem, e cada um contribui com tudo aquilo que sabe em cada tarefa realizada. Entretanto, ainda que com excelentes intenções, ocorreram alguns problemas. Os pacientes têm relatado divergência de informações na recepção.

Por exemplo, o Sr. Pontual agendou uma consulta com a Dra. Linda, dermatologista que atende às terças-feiras na parte da manhã. Durante o agendamento, a recepcionista primeiramente informou que só haveria horário para consulta em duas semanas. O Sr. Pontual lhe comunicou que tinha urgência em sua consulta, pois temia a rapidez com que uma lesão de pele estava aumentando em seu braço. A recepcionista, compadecida com o pedido, afirmou que daria um jeito de encaixar sua consulta no dia seguinte e pediu-lhe que viesse antes do primeiro horário, às 7h30 da manhã. No dia seguinte, no exato horário solicitado, lá estava o Sr. Pontual, aguardando sua consulta. Entretanto, o paciente notou que havia outros cinco pacientes que estavam na mesma situação que a dele: aguardando uma janela de atendimento de última hora. Quando se deu conta, percebeu que, das doze pessoas que aguardavam na sala de espera, uma minoria havia agendado consulta com antecedência. Com isso, sua espera foi longa.

Não se trata de má intenção da recepcionista nem de lentidão da Dra. Linda. Porém, nitidamente, algo precisava ser feito para eliminar esse gargalo. A dinâmica de atendimento tinha melhorado muito nos últimos tempos, mas deslizes como esse, por parte das recepcionistas, oriundos da tentativa de ajudar as pessoas, faziam o velho fantasma da demora no atendimento assombrar novamente o Hospital S.

Precisamos de padronização no atendimento...

Ao saber dos acontecimentos recentes, o Conselho Diretor foi rápido na busca por solução. Imediatamente, seus integrantes se reuniram, e algumas sugestões foram postas em votação:

- Não haveria atendimento de consultas sem agendamento prévio.
- Nenhuma consulta poderia ser agendada em controles paralelos ou informalmente.
- Os pedidos de agilidade seriam avaliados conforme a gravidade da situação e, quando cabível, seguiriam para o atendimento de emergência de plantão.
- Haveria o acionamento de mais de um profissional para as especialidades que tivessem mais de uma semana de espera para consulta.

Uma análise sistêmica... Agora é sua vez!

Quais abordagens da gestão sistêmica da qualidade poderiam inspirar as ações do Conselho Diretor? E quais são os pontos fortes e os pontos fracos das ações deliberadas pela Diretoria?

Questões para revisão

1. Identifique e descreva os aspectos da teoria geral da administração aplicados aos modelos e sistemas de gestão com os quais você já teve contato em sua carreira profissional.

2. As ferramentas de gestão presentes na empresa em que você trabalha promovem integração com outros sistemas do ambiente? Explique como funcionam.

3. Assinale a alternativa correta:
   a) O ciclo PODC (planejamento, organização, direção e controle) é um modelo de sistema aberto, uma vez que cada etapa ocorre de forma independente das demais.
   b) O ciclo PDCA (*plan, do, check* e *act*) é uma ferramenta de gestão do fluxo de produção operado por cartões coloridos conhecidos como *kaisen*.
   c) O modelo *just in case* (JIC) é um modo de produção integrada inspirado em sistemas abertos.
   d) O modelo *just in time* (JIT) promove a integração da cadeia de produção a partir de uma perspectiva sistêmica aberta.

4. Assinale com V as assertivas verdadeiras e com F as falsas.
   ( ) As ferramentas de gestão da qualidade total foram inspiradas em esquemas analíticos de sistemas híbridos.
   ( ) O ciclo PODC foi elaborado por Henry Fayol como síntese das funções administrativas descritas na obra *Administração industrial e geral*.

( ) O modelo JIT tem a lógica de um sistema fechado, uma vez que permite a previsibilidade das demandas do mercado e o ajustamento sincrônico da máquina produtiva.

( ) No modelo de produção JIC comumente ocorre acúmulo de produtos inacabados em gargalos nas linhas de produção.

Agora, marque a alternativa que apresenta a sequência correta:

a) V, F, V, V.
b) V, F, F, V.
c) V, F, F, F.
d) F, F, V, F.

5. Assinale a alternativa correta:

a) Os relatórios gerenciais dos sistemas de gestão informatizados substituíram o olhar sistêmico do gestor na tomada de decisão.

b) Ainda que uma organização se caracterize como um sistema aberto, a depender do problema, pode ser conveniente utilizar esquemas analíticos de sistemas fechados para analisar o funcionamento do subsistema que apresente disfunção.

c) O modelo de gestão fordista superou o modelo toyotista por conseguir maior eficiência e efetividade na linha de montagem.

d) A inspeção da conformidade da qualidade dos produtos finais revela o olhar sistêmico na administração industrial, pois não se desperdiçam recursos com inspeções ao longo do processo.

Questão para reflexão

1. É possível considerar o PODC (planejamento, organização, direção e controle) um sistema fechado, uma vez que a ferramenta interage com tantos outros sistemas e subsistemas?

6

Visão sistêmica em estratégia empresarial

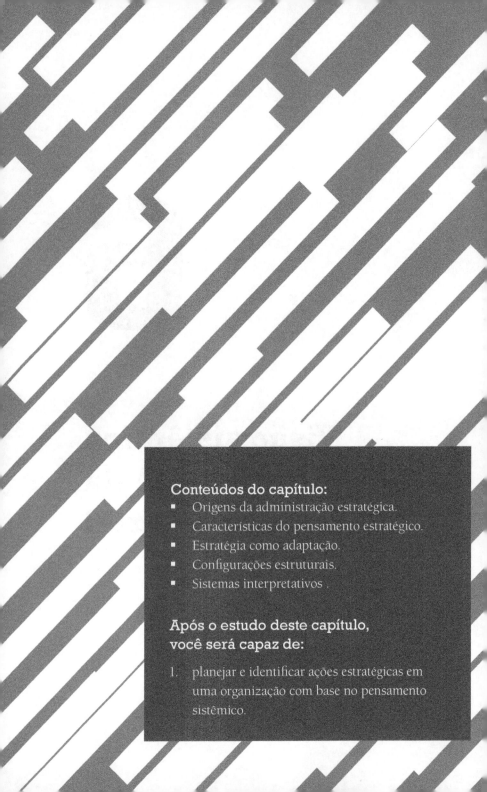

Conteúdos do capítulo:
- Origens da administração estratégica.
- Características do pensamento estratégico.
- Estratégia como adaptação.
- Configurações estruturais.
- Sistemas interpretativos.

Após o estudo deste capítulo, você será capaz de:
1. planejar e identificar ações estratégicas em uma organização com base no pensamento sistêmico.

6.1 Introdução

Agir estrategicamente é considerar as implicações da ação no ambiente. Das abordagens prescritivas às abordagens descritivas da ação estratégica, é notável que todas se referem às organizações e aos ambientes como sistemas. Sob diferentes níveis de análise, apresentaremos neste capítulo algumas das abordagens da administração estratégica à luz da teoria geral dos sistemas (TGS).

A TGS desencadeou mudanças que revolucionaram a forma de se pensar a gestão de negócios. Ao compreenderem o papel do ambiente e as dinâmicas dos sistemas e subsistemas em que as organizações se inserem, os gestores passaram a tomar decisões que lhes garantissem efeito sinérgico, ou seja, resultados obtidos pela maximização da eficiência dos recursos empregados.

O pensamento estratégico que nasceu no campo militar foi importado para a literatura da administração a partir da década de 1960 (Vizeu; Gonçalves, 2010), inspirando modelos decisórios que assegurassem o melhor resultado por meio da utilização eficaz de recursos e do posicionamento ideal no ambiente. Isso parece ser possível mediante um estado ajustado entre sistemas internos e externos às organizações empresariais.

Assim, a administração estratégica revelou-se como o ajuste da estrutura organizacional ao ambiente, integrando-se a esse macrossistema. As operações internas estariam então condicionadas à dinâmica do sistema do qual fazem parte, e o grande desafio passou a ser conceber modelos decisórios capazes de se antecipar às necessidades do ambiente, a ponto de tirar dele vantagens em relação aos concorrentes.

6.2 Origens do pensamento estratégico

A função de estrategista se originou na Grécia, berço da civilização ocidental. Naquele contexto, *strategos* eram os cargos responsáveis pela administração da cidade e do exército. Esse generalato concentrava em si a função de administrar o território, tanto o espaço público quanto sua defesa. A narrativa da estratégia parte dessa figura, alguém que administrava a pólis (Vizeu; Gonçalves, 2010).

Ao longo da história, o termo *estratégia* foi mais usado para se referir às decisões de sucesso nas ações militares. A estratégia militar se baseava no uso racional dos recursos disponíveis (armas e tropas) para a obtenção dos objetivos de defesa e expansão territorial. Entre os personagens famosos pelo pensamento estratégico militar estão Alexandre, o Grande;

Napoleão Bonaparte; Winston Churchill; entre outros. A essas figuras históricas foi atribuída grande inteligência na utilização e mobilidade de recursos. Para fazer estratégia no âmbito militar, era preciso posicionar-se e utilizar os potenciais das tropas, de forma a mitigar as consequências da ação do inimigo (Mintzberg, Ahlstrand; Lampel, 2010).

A importação dos conceitos de estratégia militar para o mundo corporativo teve início após o fim da Segunda Guerra Mundial. Vizeu e Gonçalves (2010) afirmam que a convivência de alguns teóricos, como Alfred Chandler e Peter Drucker, com a cúpula militar estadunidense foi um dos fatores que influenciaram a importação do pensamento militar para o pensamento de gestão estratégica. A partir de então, houve uma ruptura com os antigos moldes de pensar a forma de administrar. De algo predeterminado e fixo passou-se a ter um viés mais amplo e que considerava no processo de gestão sobretudo o ambiente no qual a empresa se encontrava inserida (Vizeu; Gonçalves, 2010).

De fato, em meados da década de 1960, o pensamento estratégico foi incorporado na literatura de gestão, marcado pelas obras seminais de autores como: Igor Ansoff, com *Estratégia empresarial*, publicada em 1965; Alfred Chandler Jr., com *Strategy and Structure*; e mais tarde, em 1971, Kenneth Andrews, com *The Concept of Corporate Strategy*.

Ansoff (1977) acreditava que o pensamento estratégico, na perspectiva empresarial, tinha sua gênese na teoria dos jogos, publicada na obra *Theory of Games and Economic Behavior* por John von Neumann e Oskar Morgenstern (1944). Nessa obra, os autores abordam ações em ambientes de incerteza, prevendo situações de conflitos e tomando decisões sistematizadas a partir da interpretação de cenários.

Por sua vez, Chandler Jr. (1962) examinou a relação entre estratégia e estruturas. Para isso, estudou a evolução estrutural de grandes companhias, como DuPont, General Motors (GM), Standard Oil of New Jersey e Sears Roebuck. Já Andrews, entre uma multiplicidade de pontos que compõem a estratégia empresarial, destacou que a experiência organizacional forma padrões de decisões que se configuram como sendo sua estratégia (Mintzberg; Ahlstrand; Lampel, 2010).

Na década de 1980, o pensamento sobre estratégia foi marcado pela popularização dos estudos de Michael Porter. Em uma das publicações mais influentes no campo da administração, intitulada *"How Competitive Forces Shape Strategy"*, Porter (1979) afirmou que fazer estratégia é, essencialmente, lidar com a concorrência. As forças competitivas com as quais as indústrias tinham de lidar (poder de barganha dos clientes e fornecedores, ameaças de novos entrantes e produtos substitutos) revelavam forças ambientais que impactavam o equilíbrio interno daquelas organizações. O posicionamento do autor se referia ao setor industrial, mas as proposições e os esquemas analíticos que marcaram sua obra foram transpostos para outros setores, como o de serviços e o comercial.

Fica evidente que todas essas abordagens dialogam com a TGS, uma vez que a ação estratégica consiste no ajuste estrutural, na gestão de recursos, no posicionamento e nos objetivos articulados como em um sistema aberto, em que o funcionamento interno da organização é indissociável dos acontecimentos ao seu redor. Os gestores buscam atingir os objetivos corporativos utilizando o mínimo de esforço e recursos necessários, ou seja, com eficiência. Por seu turno, a eficiência será maior sob o efeito sinérgico, uma vez que o desempenho é maior que a soma das partes isoladas. Portanto, a visão sistêmica permeou o ambiente de surgimento da literatura da estratégia corporativa, já que inspirou um modo de pensar integrador entre elementos internos e externos de uma organização, com vistas a obter o máximo de resultado mediante o uso dos recursos da forma mais eficiente possível.

Para Mintzberg, Ahlstrand e Lampel (2010), é difícil conceituar *estratégia* de forma definitiva. As definições são muitas, pois, em cada período da história, as estratégias representaram algo relacionado ao contexto de que fizeram parte. Do militarismo ao mundo corporativo, o que unifica essa multiplicidade de conceitos é a visão sistêmica.

6.3 Planejar, agir ou interpretar?

Fazer estratégia é desenvolver uma posição em relação ao futuro, uma ação contingencial no presente ou uma descrição das razões de algo realizado? Pois bem, a resposta para esse questionamento depende da época e das correntes teóricas que a embasam. Entretanto, seja como previsão, seja como ação, seja como descrição, sempre será possível identificar a influência do ambiente no funcionamento interno de uma organização, ou seja, o caráter sistêmico da realidade de que ela faz parte.

Primeiramente, vejamos a concepção de estratégia como **prescrição**, ou o planejamento de uma ação futura (Mintzberg; Ahlstrand; Lampel, 2010). Para que isso ocorra, é necessário apreender as regras de funcionamento dos sistemas que condicionam o funcionamento da organização. Assim, a fim de que o planejamento estratégico tenha sentido, é preciso que o gestor domine as regras de funcionamento do mercado para se antecipar aos cenários que acontecerão, a fim de que, assim, tire o melhor proveito deles ou, ainda, consiga o máximo de eficiência, uma vez que parece ser possível detalhar cada passo necessário para uma ação bem-sucedida. Essa concepção de estratégia – como um plano ou uma prescrição – parece fazer bastante sentido em atividades em que o ambiente apresenta estabilidade. Em outras palavras, quanto mais estáveis forem as interações entre sistemas e subsistemas, mais fácil será ajustar o funcionamento da organização no ambiente. Em alguns casos, o ambiente é tão estável que quase não há imprevistos, e a preocupação do gestor se volta para as operações internas, como um sistema fechado.

Mercados maduros e muito regulamentados costumam ser mais previsíveis. Assim, é possível identificar a estratégia como um plano de ação para o alcance de objetivos. As organizações que adotam essa concepção de estratégia costumam ser mais burocratizadas, e a necessidade de adaptação ao ambiente é mínima, dada a sua previsibilidade. É como se as leis que regem o sistema fossem conhecidas; em virtude do caráter estável desse sistema, é muito mais confortável fazer planos de ação para o longo prazo.

A busca pelo melhor jeito de administrar sofreu abalos, especialmente no período da Segunda Guerra Mundial, quando o mundo acadêmico percebeu a necessidade de repensar a ideia de moldes fixos de gestão (Vizeu; Gonçalves, 2010). É difícil encontrar um ambiente com funcionamento estável a ponto de permitir previsibilidade de médio e longo prazos. Os planos de ação de longo prazo raramente acontecem como foram planejados. Por isso, fica evidente que conhecer o funcionamento de todos os sistemas do ambiente é uma tarefa difícil, se não impossível. Pelo princípio de equifinalidade, seria problemática a prescrição de ações universalizáveis para o ajuste sincrônico com o ambiente.

Passemos, então, à ideia de que a estratégia é uma **ação**. Mintzberg, Ahlstrand e Lampel (2010) apontam que entre o que é planejado e o resultado obtido existem ações que emergem de forma a corrigir falhas do planejamento ou em decorrência de alterações no ambiente. Uma vez que o ambiente externo é dinâmico e organísmico, apresenta sistemas que estão em constantes adaptações, ajustes e transformações. Como a organização é parte desse macrossistema, deve se adaptar de forma contínua, ora com mais capacidade de influenciar no funcionamento de outros sistemas em seu favor, ora com uma postura de corresponder às pressões de outros sistemas, ainda que em uma relação de barganha desfavorável. Nesse sentido, a estratégia não é um plano, mas uma ação constante. Talvez devêssemos nos referir a essa ação como *estrategizar*, ou seja, algo que acontece constantemente – embora haja objetivos claros a serem atingidos, os passos para atingi-los não podem ser fixados previamente. Nesse sentido, *estrategizar* – a estratégia em ação – significa ter uma visão holística para corresponder tempestivamente às contingências ambientais com ações emergentes que conduzam ao objetivo desejado.

Por um momento, transporte-se para cinco anos atrás. Provavelmente, você tinha alguns objetivos e traçou planos com ações e prazos para alcançá-los. Se você revisar a forma pela qual atingiu tais objetivos, possivelmente notará que, embora talvez os tenha alcançado, muitas coisas não ocorreram como o planejado. Durante o percurso, você teve de se reposicionar, lidar com situações que não estavam previstas e pensar em saídas para problemas que surgiram ao longo do caminho.

Nas organizações empresariais, as coisas não são diferentes. As empresas fixam seus objetivos de longo prazo e traçam planos de ação para atingi-los. Porém, o ambiente não fica estático, e o caminho a percorrer estará em constante transformação (Clegg; Carter; Kornberger, 2004). Sob essa ótica, fazer estratégia é estar atento às mudanças e transformações que comprometem o atingimento dos objetivos predefinidos. Em alguns casos, as transformações ambientais, as interações sistêmicas e a imprevisibilidade quanto ao futuro inviabilizam os próprios objetivos, e durante o trajeto é preciso fixar novos destinos possíveis. Em momentos de crise econômica, por exemplo, não só as ações para atingir as metas, mas as próprias metas, muitas vezes, devem ser revistas. Portanto, a ação estratégica é uma atitude constante e dificilmente pode ser transposta para outros sistemas sem ajustes.

Se a estratégia for encarada como uma ação constante e pouco prescritiva, poderá ser descabido referir-se a ela como um relato por meio do qual **interpretamos** e **descrevemos** as práticas que conduziram uma organização ao sucesso. Ainda que se admita a impossibilidade de replicação, o esquema analítico conduzirá a uma maior clareza sobre o que fazem os estrategistas na prática, refinando-se o entendimento de seu papel e evitando-se prescrições idealistas (Clegg; Carter; Kornberger, 2004). Se conseguimos identificar uma estratégia somente depois que avaliamos seu resultado, isso significa que só podemos nos referir a coisas do passado e, assim, interpretar os cenários com o máximo de precisão com base no registro de como as coisas aconteceram.

Conhecer o funcionamento dos sistemas que compõem a organização, bem como seu ambiente, e identificar os fatores de sucesso e fracasso refina a capacidade analítica do gestor, que passa a evitar a confiança em receitas milagrosas de estratégias vencedoras. Nesse sentido, a estratégia é um exercício de interpretação de casos de sucesso ou de fracasso, de forma a melhorar a capacidade analítica do gestor e melhorar a qualidade de suas decisões.

6.4 Estratégia e ambiente: um olhar sistêmico

Desde que se reconheceu que o ambiente influi nas operações internas de um sistema, fazer estratégia passou a significar a busca por condições de equilíbrio no funcionamento das organizações. Nesse sentido, utilizar apenas os recursos necessários, corresponder às necessidades do ambiente e posicionar-se no mercado são ações que envolvem decisões estratégicas, seja como planejamento, seja como ação emergente, seja como interpretação de históricos de decisões com a finalidade de aprendizado.

A busca pelo ajuste perfeito entre estrutura e ambiente marcou o nascimento do pensamento estratégico nas organizações, a partir da década de 1960. Nos anos que seguiram, no entanto, mudou o entendimento sobre o que é fazer estratégia: na década de 1980, sob a influência de Michael Porter, essa prática passou a corresponder à compreensão de como se posicionar no ambiente e como equilibrar relações de forças com os agentes externos. Notemos que já não se tratava apenas de um ajuste estrutural, mas de negociações, barganhas, previsões e interpretações de conjunturas. O que não mudou ao longo dos anos foi a noção de que fazer estratégia é um processo de relação com o ambiente externo à organização.

Em todas as abordagens do pensamento estratégico está presente o pensamento sistêmico. Seria muito difícil relacionar a multiplicidade de fatores que afetam simultaneamente o desempenho das organizações em relações causais sem utilizar esquemas que façam o ordenamento desses elementos em níveis analíticos. Assim, a TGS permite a investigação em níveis de análise (Boulding, 1956) que favorecem a progressiva compreensão da complexidade das atividades organizacionais. É possível, então, analisar as operações internas considerando-se sistemas organísmicos de níveis fechados, abstrair e compreender a interação entre os subsistemas de uma organização ou, ainda, em níveis mais elevados, compreender a lógica sistêmica do ambiente e como isso afeta as operações internas nos aspectos materiais ou simbólicos.

Nas seções que seguem, apresentaremos algumas ferramentas e esquemas analíticos do pensamento estratégico que foram concebidos com o objetivo de auxiliar os gestores a se colocarem perante o ambiente pelas vias de adaptação, do posicionamento ou, até mesmo, do protagonismo para influenciar mudanças no ambiente de forma a obter vantagens competitivas. Para tanto, utilizaremos três enfoques: o primeiro se refere às ferramentas que presumem a possibilidade de mapear o comportamento dos elementos do sistema e que, assim, agem estrategicamente com base em planos racionalmente prescritos; o segundo diz respeito à ação estratégica como um processo emergente, racional e reativo que permite a constante adaptação entre sistemas internos e externos; por fim, o terceiro se refere à estratégia como processo analítico de níveis mais abstratos em sistemas simbólicos que inspiram as decisões na qualidade de perspectivas culturalmente situadas.

6.5 Estratégia e sistemas racionais

Para Porter (1986, p. 22), "a essência da formulação de estratégia competitiva é relacionar uma companhia ao seu meio ambiente". Nesse sentido, a organização deve ser capaz de acompanhar constantemente as condições de seu contexto: ambientes econômico, tecnológico, político-legal, sociocultural e demográfico, bem como concorrência, demanda dos clientes e fornecedores. Com essa análise, a empresa pode identificar possíveis ameaças e oportunidades no ambiente, considerando, também, seu ambiente interno, levantando suas forças e fraquezas (Kotler; Keller, 2006). No item a seguir, apresentaremos uma discussão acerca da análise SWOT e das forças competitivas de Porter.

6.5.1 Análise SWOT

A análise SWOT surgiu a partir dos estudos de teóricos da Universidade Stanford, durante a década de 1960. Seu nome está relacionado às dimensões que analisa: *strengths, weaknesses, opportunities e threats* (SWOT). Para o português, a ferramenta foi traduzida como análise de forças, oportunidades, fraquezas e ameaças (FOFA). O objetivo dessa ferramenta é possibilitar o alcance do ajuste perfeito entre as competências internas e as possibilidades externas (Bell; Rochford, 2016).

Para essa análise, devem ser identificados, entre os elementos do sistema interno da organização, aqueles que se referem às forças e às fraquezas. As **forças** são competências, conhecimentos e recursos que tornam a organização diferenciada e lhe conferem uma vantagem competitiva. Podemos considerar como forças o capital intelectual de uma organização, o domínio de processos, a sinergia de seu sistema interno etc. Por sua vez, as **fraquezas** são aquelas capacidades deficientes que reconhecidamente afetam de forma negativa o desempenho de uma empresa, como o atraso tecnológico, a rotatividade e a baixa qualidade de produtos ou serviços.

Já no ambiente externo, devem ser identificadas as oportunidades e as ameaças, considerando-se aspectos como forças e/ou fraquezas. Nos diversos sistemas externos que interagem com a organização, residem **oportunidades** – ou seja, situações – que, em função das competências da organização, podem ser exploradas positivamente. Por exemplo, ao analisar o ambiente, uma empresa do ramo de construção civil nota que o governo federal está delineando políticas públicas que fornecem subsídio financeiro para a aquisição do primeiro imóvel de famílias de determinada faixa de renda. Se a empresa dispuser de competências, recursos financeiros e humanos (forças) para construir habitações para esse público, possivelmente se beneficiará do aumento da procura pelo primeiro imóvel de famílias que se encontram pagando aluguel. Entretanto, podem existir **ameaças** nesse ambiente externo, como o risco de que os concorrentes também visualizem essa oportunidade e passem a se utilizar de estratégias para aproveitá-la.

Assim, cabe ao estrategista elaborar ações que potencializem suas forças e anulem suas fraquezas perante seus concorrentes. É importante ressaltar que apenas os elementos do sistema interno da empresa estão sob sua alçada de gestão. Isto é, o gestor pode mudar procedimentos e adquirir recursos, mas não lhe é possível interferir facilmente no que acontece fora dos domínios da organização. Assim, ele deve adaptar seu sistema produtivo para aproveitar as oportunidades e mitigar os impactos das ameaças sobre o negócio.

Na Figura 6.1, apresentamos quadrantes que podem ser tomados como modelos para a elaboração de uma análise SWOT.

FIGURA 6.1 – Exemplo de análise SWOT

Forças	Fraquezas
Domínio de técnicas produtivas Localização Capital disponível para investimentos	Clima organizacional ruim Obsolescência dos equipamentos Alto custo de aluguel do imóvel
Oportunidades	**Ameaças**
Sinais de aquecimento econômico Ausência de concorrentes diretos Incentivo governamental para o setor	Baixo número de fornecedores Aumento do preço de matéria-prima Mudança de conjuntura de governo

Com base no exposto na Figura 6.1, podemos compreender que a disponibilidade de capital pode mitigar a fraqueza da obsolescência dos equipamentos, tornando possível a aquisição de novas máquinas sem a dependência de financiamentos. Além disso, o custo do aluguel do imóvel que sedia a organização pode ser alto, porém essa fraqueza é mitigada pela localização privilegiada, o que possivelmente confere maior visibilidade à marca e favorece as vendas. Ainda, pode ser necessário elaborar um plano para a melhoria do clima organizacional, cujo ponto de partida talvez possa ser a realização de uma pesquisa para identificar fatores críticos que estão afetando a percepção das pessoas em relação ao trabalho. Quanto às oportunidades, podemos considerar que o aquecimento do setor, associado às políticas de incentivo governamental, representa uma possibilidade de crescimento para a empresa. Entretanto, o número reduzido de fornecedores pode ser uma ameaça, sinalizando a necessidade de firmar contratos bem elaborados a fim de garantir o fornecimento de matéria-prima para a continuidade ininterrupta das atividades.

A análise SWOT consiste, então, em uma ferramenta simples e que auxilia de forma determinante a tomada de decisão. A perspectiva sistêmica dessa ferramenta permite a tomada de decisões mais assertivas, desde a análise dos pontos fortes e fracos em nível de um sistema fechado até a abstração e a compreensão do posicionamento da empresa no macrossistema do ambiente em que se insere.

6.5.2 Forças competitivas de Porter

Analisar e compreender as forças competitivas no mundo empresarial é fundamental para a criação e o desenvolvimento de uma bem-sucedida estratégia organizacional

(Maximiano, 2006). Uma forma de se analisar o ambiente externo é por meio do modelo das cinco forças competitivas de Porter.

Michael Porter estudou o ramo industrial durante seu curso de doutorado em Economia na Harvard University. Em seus estudos, realizou testes empíricos sobre as estruturas de mercado em que as empresas estavam inseridas. Em 1980, lançou uma de suas principais obras, intitulada *Competitive Strategy*, na qual propôs um modelo de análise competitiva com base na compreensão de cinco forças do ambiente que impactam sistematicamente as atividades de uma organização (Mintzberg; Ahlstrand; Lampel, 2010). São elas:

1. **Ameaças de novos entrantes**: refere-se à facilidade com que empreendedores entram no ramo para competir com uma empresa (Porter, 1986). Uma forma de mitigar essa ameaça é por meio do desenvolvimento de barreiras, como detenção de recursos escassos, domínio tecnológico ou, ainda, fidelização dos clientes.

2. **Poder de barganha dos fornecedores**: quanto menor for o número de fornecedores de matéria-prima e insumos para a atividade exercida por uma organização, menor será a capacidade de a empresa barganhar condições de prazo, preço e quantidade. Em ambientes com maior número de fornecedores, é possível buscar aquele que melhor atende às necessidades (Porter, 1986). Para explorar essa força positivamente, é necessário estabelecer parcerias saudáveis com fornecedores, para a garantia de quantidade, qualidade e cumprimento de prazos. Isso pode ser construído mediante uma relação de confiança ao longo do tempo, bem como por meio da garantia por contratos estabelecidos com assessoria jurídica competente.

3. **Poder de barganha dos clientes**: o poder de barganha dos clientes será tão maior quanto for a atuação da concorrência no ramo de negócio de uma organização. Se um usuário tem mais opções, possivelmente fará negociações com outras empresas na busca de melhores condições (Porter, 1986). Nesse sentido, políticas de fidelização de clientes podem construir relações estreitas que, além de garantirem benefício às duas partes, evitarão a migração para a concorrência ou a compra de produtos ou serviços substitutos.

4. **Ameaças de produtos substitutos**: essa ameaça se refere à possibilidade de um cliente adquirir um produto que, embora não seja semelhante ao oferecido por determinada empresa, pode sanar as necessidades dele (Porter, 1986). Por exemplo, o serviço de táxi pode ser ameaçado pelo oferecimento de transporte público de qualidade ou, ainda, pela utilização de aplicativos de transporte compartilhado por usuários.

5. **Rivalidade da concorrência**: se existir rivalidade na ação da concorrência, possivelmente as empresas com melhor estrutura conseguirão sobreviver por mais tempo. Essa é uma ameaça constante que pode ser mitigada pela ação sistemática em várias frentes, como: elaboração de benefícios para a fidelização de clientes; localização; preço competitivo; qualidade diferenciada; experiência positiva por parte dos consumidores. A construção de uma relação estreita com o cliente permite mitigar o risco da ação de concorrentes oportunistas (Porter, 1986).

De acordo com Porter (1986), essas cinco forças competitivas definem o nível de concorrência e rentabilidade, sendo que a força que se mostra mais marcante se configura no fator essencial em relação à formulação da estratégia empresarial.

6.6
Estratégias emergentes: mudanças e adaptações

É difícil conseguir identificar todos os elementos que podem impactar o decorrer de um plano de ação de médio e longo prazo. A razão é simples: o ambiente não congela após a elaboração do plano; pelo contrário, por seu caráter orgânico, ele continua a mudar, muitas vezes de forma totalmente imprevisível. Assim, fazer estratégia passa a significar agir em tempo real, adaptando-se o sistema organizacional para tirar melhor proveito das oportunidades que surgem no ambiente e mitigar as consequências das ações de fracasso que decorreram de mudanças não previstas.

Isso não significa que se deve abandonar o exercício de planejar o futuro, e sim que é preciso ter consciência de que o ambiente mudará e exigirá criatividade para que o objetivo seja alcançado por diferentes meios. Aqui está presente o princípio sistêmico da equifinalidade, por meio do qual se admite que não há uma única forma para se atingir um objetivo; portanto, fazer estratégia consiste na arte de improvisar ações criativas para o alcance dos objetivos e das metas desejadas.

Trata-se de um processo racional que exige constante atenção do estrategista. Se os sistemas do ambiente estão em constante mudança e adaptação, é necessário que a empresa se insira nesse ambiente de forma a agir sinergicamente com as outras organizações. Em muitos casos, ela poderá até mesmo ter alguma influência ou barganha nesse processo interativo com fornecedores, clientes e concorrentes. Contudo, em outras situações, deverá estar alerta para se adaptar a cenários em que não terá capacidade de intervenção, para frear as mudanças que considerar desfavoráveis.

Para os teóricos da década de 1960 e que continuam a ter influência no contexto do pensamento estratégico atual, essa adaptação ocorre principalmente em termos estruturais. Assim, a organização configura sua estrutura de forma dinâmica, para obter o melhor ajuste entre as operações internas e as condições externas nas quais opera.

6.6.1 Configurações estruturais

Se a perenidade e o bom desempenho de uma organização estão relacionados à capacidade de interação com as contingências, a forma como se estrutura internamente será fruto dessa interação sistêmica e adaptativa. O ajuste ideal da estrutura conduz ao efeito sinérgico presumido pela TGS: o resultado é mais do que a soma das partes. Portanto, o ajuste entre aspectos internos e externos melhora o desempenho do próprio sistema e dos demais aos quais ele se integra (Vizeu; Gonçalves, 2010).

O delineamento estrutural de uma organização é uma ação de decisão estratégica adaptativa. Muitas vezes, a configuração é determinada pelo ambiente conforme o presumido pela teoria da ecologia populacional. Em outras, trata-se de uma escolha do gestor, cuja capacidade de ação foi defendida pelos teóricos da teoria contingencial. Parece-nos que essa adaptação não é necessariamente apenas uma escolha do gestor, tampouco um determinismo ambiental, mas algo entre esses dois polos: voluntarismo e determinismo. Em certas situações, o ambiente será tão determinante que suprimirá as possibilidades de adaptação estrutural em tempo hábil. Por sua vez, em outros contextos, o estrategista poderá antecipar-se às mudanças iminentes e adaptar-se aos cenários desencadeados.

As estruturas são alteradas mediante ajustes internos realizados para corresponder às contingências do ambiente externo. Para realizar qualquer atividade organizada, é necessário que haja uma divisão e uma coordenação das tarefas a serem executadas para se alcançarem os resultados. Nesse sentido, Mintzberg (1995) explora cinco diferentes tipos de mecanismos de coordenação:

1. ajustamento mútuo;
2. supervisão direta;
3. padronização dos processos de trabalho;
4. padronização dos resultados;
5. padronização das habilidades dos trabalhadores.

Quando a coordenação das tarefas é feita com base na comunicação informal, está-se adotando o mecanismo de **ajustamento mútuo**. Nesse modelo, parte-se do princípio de que o alcance das metas se dará a depender das habilidades dos especialistas em se adaptarem mutuamente (Mintzberg, 1995). Esse comportamento é análogo ao do organismo vivo que inspirou Bertalanffy (2010), pois os organismos celulares com funções distintas, em relação de interdependência, também produzem resultados que não são explicados apenas pela ação individual.

A complexidade das organizações aumenta de forma relacionada ao seu crescimento. Por exemplo, na Idade Média, as oficinas de artesãos produziam bens por meio de uma estrutura relativamente simples: o artesão e alguns aprendizes conduziam a atividade produtiva a contento. Entretanto, com a inserção da máquina no processo, houve um aumento no contingente de trabalhadores, e as relações produtivas desenvolveram dimensões mais complexas. Com o aumento do número de tarefas e pessoas envolvidas em suas execuções, surgiu a necessidade de **supervisão**, ou seja, uma pessoa que se responsabilizasse pelo trabalho dos demais (Mintzberg, 1995).

O trabalho pode também ser coordenado pelo processo de **padronização**; nesse caso, a coordenação é estabelecida previamente por meio do delineamento dos padrões esperados. Tais padrões podem ser em nível de **processos de trabalho**; de **entradas**, referentes às **habilidades** e aos **conhecimentos** demandados pelos ocupantes do cargo; ou de **saídas**, em termos de **resultados** esperados (Mintzberg, 1995).

A divisão de tarefas levou à especialização de seus executores. Em vez de apenas um artesão ou aprendiz realizar todas as tarefas envolvidas na produção de um bem, os trabalhadores passaram a executar apenas partes do processo. A especialização permitiu que houvesse maior precisão na execução das atividades e, consequentemente, maior padronização. Nesse sentido, as tarefas passaram a ser mais previsíveis e programadas, e a padronização de cada atividade do processo produtivo levou à previsibilidade de seu resultado (Mintzberg, 1995).

Esse modelo de padronização é aplicado quando se sabe exatamente o treinamento que é preciso para que o trabalho seja cumprido (Mintzberg, 1995). Por exemplo, quando uma pessoa se candidata a uma vaga de trabalho, sabe que deve atender a alguns prerrequisitos. Logo, uma vaga de analista financeiro poderá exigir formação em Administração, Ciências Contábeis ou Economia, ou a exigência poderá ser ainda mais específica, como experiência mínima de dois anos em análise de demonstrações financeiras. Esses prerrequisitos nada mais são do que a padronização de habilidades e conhecimentos esperados e que serão refletidos no padrão dos resultados das tarefas desempenhadas pelo profissional.

A coordenação entre os membros da organização varia de acordo com a complexidade do trabalho organizacional. Estruturas simples, normalmente, são coordenadas de forma orgânica ou via supervisão direta. Já as estruturas de maior complexidade apresentam maior padronização dos processos, decorrente da especialização dos envolvidos. O mecanismo de coordenação é uma escolha do estrategista, mas, normalmente, condicionada aos padrões já estabelecidos em estruturas parecidas no mesmo ramo de atividade. Eventualmente, pode haver maiores diferenças, fruto da trajetória evolutiva de cada organização (Mintzberg, 1995). No entanto, pelo princípio da equifinalidade, é preciso admitir que podem existir diferentes mecanismos de coordenação em organizações do mesmo ramo, mas, mesmo assim, elas podem atingir resultados parecidos.

As partes que integram uma estrutura constituem verdadeiros sistemas e subsistemas. Mintzberg (1995) identificou cinco elementos básicos que compõem as estruturas organizacionais: cúpula estratégica; linha intermediária (gerência média); núcleo operacional; tecnoestrutura; assessoria de apoio (*staff*). Essa estrutura básica está representada na Figura 6.2.

FIGURA 6.2 – Elementos básicos de um sistema estrutural

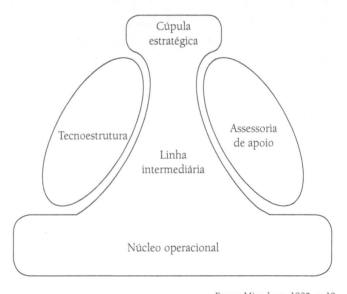

FONTE: Mintzberg, 1995, p. 19.

A **cúpula estratégica** é responsável pelo planejamento e pelas decisões que envolvem toda a estrutura. Sua função principal é manter a sinergia entre a organização e o ambiente, identificando oportunidades e mitigando ameaças. Por sua vez, a gerência média forma uma **linha intermediária** entre a cúpula estratégica e os demais setores da organização. Sua função é promover a integração entre o que é planejado e o que é executado, por meio de supervisão e decisões táticas. Já a **tecnoestrutura** é responsável por aspectos técnicos, automação, informatização e processamento de dados. O *staff* ou **assessoria de apoio** auxilia e desenvolve padrões, relatórios e normativas para obter sincronia dos processos burocráticos envolvidos na atividade organizacional. Por fim, a grande área da base, o **núcleo operacional**, é responsável pela execução das atividades produtivas (linhas de montagem, atendimento etc.).

Em algumas estruturas, todos esses elementos são muito bem desenvolvidos; já em outras, alguns aspectos são mais robustos, mas outros são menos desenvolvidos. A razão para essas discrepâncias parece ser a natureza da atividade: as relações com o ambiente exigem maior atuação de algumas partes em detrimento de outras. Logo, há empresas que se desenvolvem mais, e outras, menos. Desse modo, Mintzberg (1995) chegou a cinco configurações capazes de representar a essência da maioria das organizações existentes: estrutura simples; burocracia mecanizada; burocracia profissional; forma divisionalizada; adhocracia (Quadro 6.1).

Quadro 6.1 – Configurações estruturais

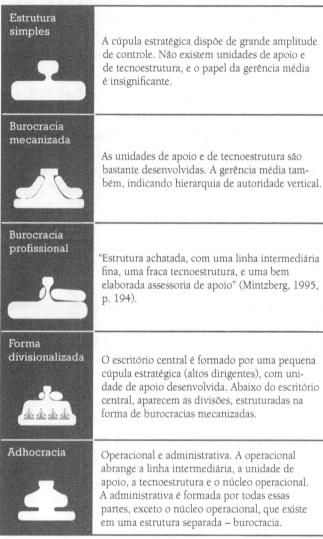

Estrutura simples	A cúpula estratégica dispõe de grande amplitude de controle. Não existem unidades de apoio e de tecnoestrutura, e o papel da gerência média é insignificante.
Burocracia mecanizada	As unidades de apoio e de tecnoestrutura são bastante desenvolvidas. A gerência média também, indicando hierarquia de autoridade vertical.
Burocracia profissional	"Estrutura achatada, com uma linha intermediária fina, uma fraca tecnoestrutura, e uma bem elaborada assessoria de apoio" (Mintzberg, 1995, p. 194).
Forma divisionalizada	O escritório central é formado por uma pequena cúpula estratégica (altos dirigentes), com unidade de apoio desenvolvida. Abaixo do escritório central, aparecem as divisões, estruturadas na forma de burocracias mecanizadas.
Adhocracia	Operacional e administrativa. A operacional abrange a linha intermediária, a unidade de apoio, a tecnoestrutura e o núcleo operacional. A administrativa é formada por todas essas partes, exceto o núcleo operacional, que existe em uma estrutura separada – burocracia.

Fonte: Elaborado com base em Mintzberg, 1995.

Sob essa ótica, imagine a estrutura organizacional que se forma para a organização de um grande evento, como no caso dos Jogos Olímpicos: a cúpula estratégica define os objetivos globais do evento de acordo com as exigências do ambiente externo; a tecnoestrutura se incumbe de facilitar os fluxos comunicacionais internos e externos por meio de sistemas informacionais; as áreas de apoio cuidam de atividades secundárias necessárias para a promoção do evento, tais como hospedagem e alimentação, trocando recursos com o ambiente; a gerência média gerencia os recursos e supervisiona as execuções dos projetos, garantindo o cumprimento de prazos; a área operacional executa obras, divulgações etc. Além do bom funcionamento interno do sistema, ele está condicionado às regulações, forças e contingências externas.

Já um empreendedor, ao abrir seu negócio, insere-se em um ambiente de risco. Há uma tendência normal de que ele centralize todas as decisões de seu negócio. Por conta da incerteza que o rodeia, advinda do ambiente em que está iniciando, o empreendedor novato precisa de flexibilidade para responder às necessidades impostas, isto é, nesse estágio, seu ramo de negócio não pode impor padrões que engessem sua operação. Isso significa ambientes dinâmicos e simples, de regulação mínima, alta centralização e característica orgânica. Os primeiros anos de vida do negócio serão alicerçados nesse modelo de estrutura, independentemente do contexto, uma vez que o empresário ainda não teve tempo suficiente para tornar sua estrutura administrativa mais elaborada. De forma geral, à medida que a organização cresce e ganha mais tempo de mercado, vai assumindo uma estrutura mais burocrática, engessada e padronizada (Mintzberg, 1995).

É importante atentar para o fato de que as formas estruturais se delineiam em função de suas interações com o ambiente. Ou seja, elas adquirem uma forma estrutural que não advém de mera decisão criativa do gestor, mas de escolhas entre opções restritas para corresponder às contingências do ambiente ao qual se integra. Fica claro, assim, que as organizações, interagindo sistemicamente, adquirem formas que as auxiliam a cumprir suas funções no ambiente.

A **estrutura simples**, por exemplo, é comum em ambientes bastante dinâmicos. Seus processos tendem a não ser tão padronizados como em uma estrutura burocratizada, e isso lhe confere a possibilidade de interagir rapidamente com outros sistemas do ambiente.

Mintzberg (1995) também apresenta a **adhocracia**. Esse tipo de estrutura é adequado à inovação sofisticada, com característica altamente orgânica, de baixíssima formalização de comportamento e muita especialização horizontal (divisão do trabalho) pautada no treinamento formal. Tem como mecanismo de coordenação principal o ajustamento mútuo e uma maior descentralização, concedendo poder de decisão a gerentes e não gerentes de todos os níveis.

A adhocracia também é uma estrutura inspirada em sistemas abertos e que funciona em função do ambiente. É encontrada em atividades complexas e incertas, em ambientes turbulentos. As organizações que a adotam são denominadas *temporárias* por se caracterizarem pela formação de equipes para projetos específicos, com fim após a conclusão e formação de novas equipes para novos projetos (Mintzberg, 1995). Trata-se de uma estrutura muito comum em empresas inovadoras ou como uma unidade à parte de uma organização maior, denominada de *grupo de tarefa ad hoc* (Morgan, 1996). Podemos pensar esse modelo estrutural como existente a partir de uma demanda específica, bem como de situações inéditas ou de emergência nas quais não haja um protocolo padrão a ser seguido. Nesse sentido, a adhocracia se pauta na ideia de um olhar sistêmico e responsivo aos problemas que surgem no ambiente.

A **burocracia profissional** foca o poder da *expertise* e tem como premissa a padronização de habilidades e de conhecimentos. As estruturas que apresentam essa configuração costumam buscar profissionais especializados que gozem de certa autonomia na execução de suas atividades, em um contexto de trabalho de alta complexidade e estável – estrutura descentralizada –, e priorizam o treinamento, a fim de padronizar o que deve ser feito (Mintzberg, 1995). Como exemplo desse tipo de estrutura, podemos citar organizações como hospitais e universidades, que demandam profissionais altamente especializados e com habilidades pautadas em padrões bastante específicos.

A padronização é o mecanismo de coordenação adotado tanto na estrutura **burocrática mecanizada** quanto na profissional. Entretanto, o padrão estabelecido nelas varia. A burocracia mecanizada desenvolve por si própria os padrões a serem atendidos, cabendo aos gerentes a supervisão e o controle. Por outro lado, na burocracia profissional, os padrões são definidos externamente (Mintzberg, 1995), o que significa, por exemplo, a concessão de um título de especialista em Ortopedia a um médico que trabalhará em um hospital de fraturas. Assim, de um lado, há a burocracia mecanizada, que focaliza o poder do cargo; de outro, a burocracia profissional, que destaca a autoridade de natureza profissional.

Por conta do grau de especialização envolvido na burocracia profissional, não cabe a esse tipo de estrutura desenvolver outros tipos de padronização, formalização e controle (Mintzberg, 1995). Tal como a burocracia mecanizada, a estrutura profissional é engessada e preparada para atingir resultados padronizados. Por isso, tem dificuldades de inovar, principalmente por conta da existência de especialistas autônomos com diferentes pontos de vista (Mintzberg, 1995).

A **forma divisionalizada**, por sua vez, configura-se como uma estrutura que se sobrepõe a outras, sendo que cada divisão assume a própria estrutura e se relaciona com um escritório central que delega e dá autonomia baseada em resultados padronizados. Cada divisão apresenta objetivos e formas de controle de desempenho individuais, constituindo-se como um único sistema integrado. Há uma descentralização, apesar de limitada. Em geral, as divisões assumem uma estrutura do tipo burocrática mecanizada, uma vez que somente esse modelo estrutural tem objetivos operacionais passíveis de padronização, o que significa uma tendência à centralização e à formalização das divisões (Mintzberg, 1995).

Alfred Sloan, nos anos de 1920, reestruturou a General Motors (GM), instituindo o modelo da forma divisionalizada. Porém, contrariamente à ideia da descentralização, ele centralizou o poder na empresa, a tal ponto de, anos mais tarde, a GM não poder mais ser classificada como exemplar desse modelo estrutural (Mintzberg, 1995).

O ponto-chave que conduz uma organização à adoção da forma divisionalizada é a diversidade de mercado e de produtos. É essa dimensão que caracteriza seu contexto ambiental, mais restrito e limitado se comparado a outras configurações. Tal como a burocracia mecanizada, condições ambientais pouco complexas e mais estáveis favorecem sua operação, o que evidencia um foco maior em sua estrutura interna, assim como nos sistemas fechados.

Alguns estágios ocorrem até que uma estrutura alcance a chamada **forma divisionalizada**. Num primeiro momento, uma organização fabrica um produto único e se baseia em uma cadeia produtiva de maneira integrada. Em seguida, além do produto ao qual vinha se dedicando até então, ela começa a produzir produtos intermediários e os coloca no mercado, dando um passo rumo à estruturação divisional. No estágio em que os produtos intermediários passam a se destacar mais do que aqueles que inicialmente eram o foco da empresa, atinge-se o estágio de produto relacionado, em que as divisões vão ganhando mais autonomia, sendo que o escritório central ainda controla as funções em comum das divisões. Por fim, a estrutura se direciona à estrutura divisional pura, alcançando o estágio da forma conglomerada (Mintzberg, 1995).

Em suma, a estrutura divisionalizada consiste em um sistema de nível fechado mais robusto. Nesse sentido, ela pode ser metaforizada como um grande guarda-chuva (ou seja, uma única grande organização) que abriga diversos outros subsistemas (as divisões). Apesar de esse sistema estar condicionado ao ambiente ao seu redor, internamente apresenta uma estrutura bastante rígida, uma vez que as divisões assumem, normalmente, a forma burocrática mecanizada.

Cada uma dessas configurações estruturais parece se desenvolver em ambientes característicos. No Quadro 6.2 estão indicados algumas condições ambientais associadas a cada estrutura.

Quadro 6.2 – Ambiente e estruturas organizacionais

Estrutura/ Ambiente	Simples	Burocracia mecanizada	Burocracia profissional	Forma divisionalizada	Adhocracia
Interno	Dinâmico Organísmico	Padronizado Mecânico	Especializado Autônomo	Especializado Interdependente	Dinâmico Organísmico
Externo	Simples e dinâmico	Simples e estável	Complexo e estável	Simples e estável	Complexo e dinâmico

Fonte: Elaborado com base em Mintzberg, 1995.

Com base nas informações presentes no Quadro 6.2, podemos perceber que as duas estruturas trabalhadas associadas a sistemas abertos (simples e adhocrática) são adequadas a situações de ambientes mais dinâmicos, diferentemente das estruturas burocráticas e divisionalizadas, cujo ambiente é mais estável. Porém, vale ressaltar que, apesar de estas últimas serem associadas a sistemas fechados, elas não são configurações totalmente fechadas em si mesmas. Pelo contrário, ocorre que, por ser tão estável, o ambiente pouco – ou nada – interfere nessas estruturas.

No entanto, é importante enfatizar que o ambiente, sim, juntamente com as decisões estratégicas internas, exerce influência sobre o rumo da organização.

6.7 Sistemas interpretativos

Os aspectos simbólicos que se originam no compartilhamento de significados e na comunicação social são a referência para a interpretação da realidade, inclusive para a interpretação dos cenários empresariais. Trata-se de um dos níveis de sistemas mais abstratos e complexos, por fazer referência a sistemas simbólicos construídos coletivamente e que amparam a compreensão humana sobre a realidade. O centro de tais sistemas não é o ser humano individual, mas o papel exercido por ele, ou seja, os aspectos simbólicos derivados da ação individual a partir do posto ocupado, formando um conjunto de papéis interligados (Boulding, 1956).

Nesse nível, importam o conteúdo e o significado das mensagens, a natureza e as dimensões dos sistemas de valores, a transcrição das imagens em um registro histórico, as sutis simbolizações da arte, da música e da poesia e a complexa gama de emoções humanas. O universo empírico aqui é a vida e a sociedade humana em toda a sua complexidade e riqueza (Boulding, 1956).

Sob essa perspectiva, destaca-se o lado não racional do estrategista e que, por pressuposto, é o mais influente em suas decisões. Afinal, ainda que tenha a intenção, o estrategista jamais consegue livrar-se totalmente de aspectos emocionais, pulsionais e simbólicos que condicionam seu pensamento consciente e constroem a realidade com a qual interage (Mintzberg; Ahlstrand; Lampel, 2010). O pensamento lógico, analítico e racional do estrategista pode ser representado como um ponto do oceano iluminado à noite por um farol da orla da praia. Entretanto, esse ponto de esclarecimento é muito pequeno se comparado à escuridão do restante do escuro do oceano que o rodeia. Nesse sentido, os aspectos valorativos e morais do estrategista, assumidos desde sua socialização ainda quando criança, influenciam seu olhar para o mundo e, consequentemente, impactam as decisões que toma no âmbito de sua atividade profissional.

Neste momento, as críticas aos pensadores que formularam receitas de estratégias de sucesso ficam mais claras. Em primeiro lugar, para alguém que não tem a vivência deles, é impossível ver o mundo da mesma forma que eles quando prescreveram estratégias universalizáveis. Em segundo lugar, a dinâmica orgânica da realidade está em constante mutação. Notemos que apenas a reflexão sobre essas duas dimensões evidencia o quanto é complexo presumir cenários, traçando-se estratégias como se a realidade tivesse algum compromisso com os planos de alguém em particular e cooperasse para a consecução deles (Clegg; Carter; Kornberger, 2004).

Sob essa ótica, a estratégia é uma perspectiva que se desenvolve sem a total ingerência do gestor e que se torna um diferencial no ambiente. Trata-se de uma identidade cultural da organização, que a torna coesa, orienta a interpretação de seus integrantes para um direcionamento comum e, mais do que uma meta deliberada hierarquicamente, revela-se como consequência de um julgamento natural de seus membros sobre como as atividades devem ser conduzidas, principalmente sob aspectos morais e éticos. A estratégia deixa de ser um plano de ação ou uma ação racional e assume o caráter de uma identidade que garante a coesão do grupo, refletida em um padrão decisório observável na trajetória histórica da organização.

Considerando-se que as organizações são ordenadoras da vida na modernidade, entender as formas simbólicas que nelas circundam significa compreender a ideologia que justifica a realidade organizacional, seja por forças internas, seja por forças externas. A estratégia parece ser um artefato concreto da ideologia da empresa, ou seja, a referência valorativa, sua identidade, as crenças de seus membros, e que permeia as decisões até os objetivos e metas deliberados (Lara, 2017). É como se a estratégia fosse uma viagem para um destino ainda incerto. Dada a impossibilidade de traçar precisamente a rota, em virtude das mudanças permanentes no ambiente, os critérios e os julgamentos que amparam as decisões sobre os caminhos a serem escolhidos é que revelam uma estratégia diferenciada que levará ou não a organização a caminhar de forma segura.

Para saber mais

MINTZBERG, H.; AHLSTRAND, B.; LAMPEL, J. **Safári de estratégia**: um roteiro pela selva do planejamento estratégico. 2. ed. Porto Alegre: Bookman, 2010.

Na obra *Safári de estratégia: um roteiro pela selva do planejamento estratégico*, Henry Mintzberg, Bruce Ahlstrand e Joseph Lampel apresentam as principais correntes do pensamento estratégico desde os anos de 1960 até a década de 1990. Trata-se de um compêndio da literatura do pensamento estratégico e pode ser tomado como base para a compreensão das estratégias empresariais no mercado atual.

Síntese

Neste capítulo, analisamos como a concepção do que é fazer estratégia evoluiu de acordo com a complexidade dos desafios das organizações desde a década de 1960. Em nosso estudo, abordamos os paradigmas prescritivos, descritivos e interpretativos do papel do estrategista.

Destacamos que o pensamento estratégico nas corporações, inspirado nas estratégias militares, inicialmente foi concebido como o processo de planejar e prever cenários, na intenção de tirar o melhor proveito deles quando se concretizassem. Com o passar do tempo, porém, compreendeu-se que não bastaria somente contar com planos de ação detalhados. Logo, o estrategista deveria ter capacidade de ajustar ações ao longo da execução daquilo que havia sido planejado, conforme as alterações que naturalmente acontecem nos sistemas com os quais as organizações interagem no ambiente. Por fim, identificamos que a estratégia pode ser a visão de mundo que ampara a tomada de decisão.

Assim, mostramos que a TGS está presente em todas as perspectivas apresentadas neste capítulo, tanto a ação estratégica de prescrição de ações quanto a ação contingencial ou, ainda, a identificação de paradigmas interpretativos. Portanto, é possível que os esquemas de níveis analíticos, propostos por Boulding (1956), representem um robusto conjunto de lentes que podem tornar mais clara a interação entre sistemas, dos mais simples, como o departamento de uma empresa, aos mais complexos, como os sistemas simbólicos que constituem uma cultura da organização ou de todo um setor produtivo.

Estratégias do Hospital S.

As ações para a melhoria da qualidade e para a redução do tempo de espera de consultas foram um sucesso. Internamente os processos estavam fluindo de forma sincrônica. As reclamações praticamente foram reduzidas a patamares mínimos, as finanças estavam sob controle, e a equipe, muito bem treinada. Aliás, no mês passado, a direção do Hospital S. recebeu o Prêmio Anual Administrador Hospitalar Américo Ventura. Foi uma condecoração honrosa para Fortuna, que, por alguns períodos, esteve à beira de deixar seu cargo, mas superou as dificuldades e deu a volta por cima.

Após a condecoração, o diretor entrou em sua sala, sentou-se e começou a avaliar se poderia ser considerado um bom estrategista. Afinal de contas, todas as ações tomadas até então não foram resultantes de planejamentos de longo prazo. Fortuna agiu para solucionar problemas que surgiram um após o outro. No entanto, lembrou que teve visão de futuro quando apostou na abertura para atendimento de convênios com o objetivo de aumentar os índices de ocupação e, consequentemente, as receitas do hospital. Fortuna estava feliz, mas confuso quanto à questão de ser merecedor do prêmio.

É preciso planejar o futuro...

Na manhã seguinte, o Conselho Diretor se reuniu para comemorar o prêmio recebido. Era inevitável a expressão de alegria de cada integrante do hospital. Porém, para a surpresa de todos, Henrico Fortuna fez um pronunciamento inusitado:

"Meus caros colegas! Este prêmio pertence a todos, e cada um tem motivos para comemorar. Saímos de uma situação

Estudo de caso

de risco e de crise, atravessamos as dificuldades e, graças aos esforços conjuntos desta equipe fantástica, fomos gratificados com este honroso prêmio. Entretanto, precisamos olhar para o futuro e garantir que não enfrentemos dificuldades tão severas quanto as que tivemos de superar! Faremos um planejamento estratégico, para que de fato consigamos cumprir nossa missão e chegar à nossa visão de futuro com mais facilidade, com mais planejamento."

Nos dias que decorreram, cada funcionário do hospital se envolveu na formulação do planejamento estratégico do hospital. Do topo da hierarquia até os níveis operacionais, todos se engajaram em dar sugestões. O clima de participação uniu ainda mais a equipe, e o simples fato de todos poderem ter voz nas decisões sobre o futuro parece tê-los feito assumir sua parcela de compromisso para a consecução daquilo que desejavam como instituição.

O planejamento estratégico está quase pronto, mas o que está realmente fazendo a diferença neste período é o brilho no olhar e o orgulho de trabalhar em uma instituição reconhecida pela sociedade como prestadora de serviços de excelência, garantindo sustentação de carreiras e realização de sonhos individuais aliados aos objetivos institucionais.

Um olhar sistêmico... Agora é com você!

Qual perspectiva estratégica você identifica no Hospital S.?

A estratégia foi o conjunto de ações emergentes e de ajustes estruturais para a organização adaptar-se às mudanças ambientais?

A estratégia é o planejamento em relação ao futuro que lhe garantirá previsibilidade?

A estratégia é a cultura formada pelo envolvimento de todos durante as situações de superação das dificuldades e busca pela excelência?

Agora é hora de planejar o futuro!

Questões para revisão

1. Elabore uma análise SWOT sobre a realidade da organização em que você trabalha ou com que tem contato.

2. Com base na realidade da mesma organização escolhida anteriormente, identifique como as forças competitivas propostas por Michael Porter impactam suas decisões estratégicas.

3. Assinale a alternativa correta:
   a) O pensamento prescritivo presume que fazer estratégia é adotar ações contingenciais no dia a dia para a garantia do alcance dos objetivos organizacionais.
   b) O pensamento estratégico assume que as decisões devem ocorrer com base em aspectos emocionais que condicionam a ação do estrategista.
   c) A estratégia pode ser a base valorativa que ampara as decisões de uma empresa notável a partir de sua trajetória histórica.
   d) As forças competitivas de Porter estão relacionadas ao ambiente interno da empresa, tais como tecnologia produtiva e potencial humano.

4. Considerando a ferramenta SWOT, assinale com V as assertivas verdadeiras e com F as falsas.

( ) As fraquezas correspondem àquilo que é externo à empresa.

( ) As forças também abrangem aquilo que a empresa sabe fazer de forma competente.

( ) Riscos de acidente de trabalho representam uma ameaça.

( ) O aquecimento econômico do país pode representar uma oportunidade para a empresa.

Agora, marque a alternativa que apresenta a sequência correta:

a) F, F, V, V.

b) V, V, F, F.

c) V, F, F, F.

d) F, V, F, V.

5. Assinale a alternativa correta:

a) A estratégia de uma empresa pode ser sua cultura organizacional forte.

b) A ação estratégica consiste somente em se antecipar às mudanças do ambiente.

c) O pensamento prescritivo presume que fazer estratégia é essencialmente um processo reativo e contingencial.

d) Um planejamento estratégico consiste em mapear todas as decisões já tomadas pela empresa.

Questão para reflexão

1. Se a prescrição da estratégia se revela limitada em face da imprevisibilidade do ambiente em decorrência de suas interações organísmicas e simbólicas, se a ação racional de adaptação se demonstra limitada em razão da ação do inconsciente (o oceano escuro) sobre o consciente (o pequeno ponto iluminado pelo farol), o que poderíamos chamar de *estratégia*?

Para concluir...

Com o surgimento da abordagem sistêmica, a forma cartesiana de se fazer ciência tem sido pouco a pouco transformada. Desde sua popularização na década de 1950, a teoria geral dos sistemas (TGS) de Ludwig von Bertalanffy tem contribuído para o refinamento das abordagens no campo da administração. Ao longo dos capítulos desta obra, resgatamos aspectos marcantes na evolução desse pensamento.

Destacamos a transição de um pensamento mecanicista da Escola Clássica da Administração, quando as organizações eram vistas como máquinas, para uma visão organísmica a partir da segunda metade do século XX, principalmente quando se passou a considerar a influência do contexto ou do ambiente no funcionamento e nas estruturas internas das empresas. Desse modo, elas passaram a ser compreendidas como sistemas abertos, em constante interação com outros sistemas e subsistemas. A metáfora das organizações como organismos vivos favoreceu a percepção das interações com o ambiente como um macrossistema que impacta as operações internas das organizações.

Atualmente, a tarefa do gestor exige visão sistêmica. Isso significa que as inovações tecnológicas, a complexidade estrutural e os aspectos sociais das organizações não podem ser tratados de forma independente, e sim de forma interdependente, tal como um sistema. Nesse sentido, apresentamos e desbravamos as três correntes teóricas de abordagem sistêmica: a teoria contingencial, a ecologia populacional e a sociotécnica.

As ferramentas de gestão que carregam a abordagem sistêmica em sua gênese também foram discutidas, com a finalidade de permitir que você, leitor, possa observar a TGS no seu contexto, no seu trabalho, no seu dia a dia.

Por fim, tratamos da visão sistêmica em estratégia empresarial, destacando a importância de a organização se ajustar tanto interna quanto externamente. Em seguida, examinamos algumas importantes análises de ambiente do campo da estratégia, como a análise SWOT e as cinco forças de Porter, bem como os modelos de configurações estruturais que as organizações podem assumir, a depender do ambiente. Além disso, apresentamos o pensamento estratégico como uma perspectiva interpretativa do ambiente, análoga aos níveis de sistemas mais abstratos descritos por Boulding (1956).

Esperamos que você tenha tirado o melhor proveito possível dos conteúdos trabalhados nesta obra. Acreditamos que os textos e os autores comentados contribuem com uma importante reflexão sobre administração, sistemas e ambiente. Ao resgatarmos obras seminais acerca da TGS e de estudos organizacionais, buscamos enriquecer a exposição da temática de uma forma simples e contextualizada, de modo que você possa transpô-la ao seu campo prático de atuação.

Referências

ABBOTT, M. G. The Social Psychology of Organizations. **Educational Administration Quarterly**, v. 3, n. 1, p. 100-109, 1967.

ALVESSON, M. **Understanding Organizational Culture**. London: Sage, 2013.

ANSOFF, H. I. **Estratégia empresarial**. São Paulo: McGraw-Hill, 1977.

ANTUNES JÚNIOR, J. A. V.; KLIEMANN NETO, F.; FENSTERSEIFER, J. E. Considerações críticas sobre a evolução das filosofias de administração da produção: do "just-in-case" ao "just-in-time". **Revista de Administração de Empresas**, São Paulo, v. 29, n. 3, p. 49-64, jul./set. 1989. Disponível em: <http://www.scielo.br/pdf/rae/v29n3/v29n3a05.pdf>. Acesso em: 19 dez. 2018.

ARISTÓTELES. **Poética**. Porto Alegre: Globo, 1996.

ARNOLD, M.; OSORIO, F. Introducción a los conceptos básicos de la teoría general de sistemas. **Cinta de Moebio**, n. 3, p. 40-49, 1998. Disponível em: <http://www.cintademoebio.uchile.cl/index.php/CDM/article/viewFile/26455/27748>. Acesso em: 19 dez. 2018.

BAUM, J. A. C. Ecologia organizacional. In: CLEGG, S. R.; HARDY, C.; NORD, W. R. (Org.). **Handbook de estudos organizacionais**: modelos de análise e novas questões em estudos organizacionais. São Paulo: Atlas, 1999. p. 137-195. v. 1.

BELL, G. G.; ROCHFORD, L. Rediscovering SWOT's Integrative Nature: a New Understanding of an Old Framework. **International Journal of Management Education**, v. 14, n. 3, p. 310-326, Nov. 2016.

BERTALANFFY, L. von. **Teoria geral dos sistemas**: fundamentos, desenvolvimento e aplicações. 5. ed. Petrópolis: Vozes, 2010.

_____. The Theory of Open Systems in Physics and Biology. **Science New Series**, v. 111, n. 2872, p. 23-29, 1950.

BETANCOURT, O.; MERTENS, F.; PARRA, M. (Ed.). **Enfoques ecosistémicos en salud y ambiente**. Quito: CoPEH – LAC, 2016.

BIAZZI JR., F. de. O trabalho e as organizações na perspectiva sócio-técnica. **Revista de Administração de Empresas**, v. 34, n. 1, p. 30-37, 1994. Disponível em: <http://www.scielo.br/pdf/rae/v34n1/a05v34n1>. Acesso em: 12 dez. 2018.

BOULDING, K. E. A Bibliographical Autobiography. **PSL Quarterly Review**, v. 42, n. 171, Nov. 2013.

_____. General Systems Theory: the Skeleton of Science. **Management Science**, v. 2, n. 3, p. 197-208, 1956.

BURNS, T.; STALKER, G. M. **The Management of Innovation**. London: Tavistok, 1961.

CALDAS, M. P.; CUNHA, M. P. Ecologistas e economistas organizacionais: o paradigma funcionalista em expansão no final do século XX. **Revista de Administração de Empresas**, v. 45, n. 3, p. 65-69, 2005.

CARVALHO, M. M. de; PALADINI, E. P. **Gestão da qualidade**: teoria e casos. 2. ed. Rio de Janeiro: Elsevier/ Abepro, 2012.

CHANDLER JR., A. D. **Strategy and Structure**. Cambridge: MIT Press, 1962.

CHILD, J. Organizational Structure, Environment and Performance: the Role of Strategic Choice. **Sociology**, Sidney, v. 6, n. 1, p. 1-22, 1972.

CLEGG, S. R.; CARTER, C.; KORNBERGER, M. A "máquina estratégica": fundamentos epistemológicos e desenvolvimentos em curso. **Revista de Administração de Empresas**, v. 44, n. 4, p. 21-31, out. 2004. Disponível em: <http://bibliotecadigital.fgv.br/ojs/index.php/rae/article/view/37647/36397>. Acesso em: 19 dez. 2018.

COMTE, A. **Discurso preliminar sobre o conjunto do positivismo**. 2. ed. São Paulo: Abril Cultural, 1991. (Coleção Os Pensadores).

CUNHA, N. C. V. da; SANTOS, S. A. dos S. As práticas gerenciais e a inovação empresarial: estudo de empresas líderes em inovação. **Revista Alcance**, v. 12, n. 3, p. 353-372, 2005. Disponível em: <https://siaiap32.univali.br/seer/index.php/ra/article/download/235/221>. Acesso em: 19 dez. 2018.

DEMING, W. E. **Qualidade**: a revolução da administração. Rio de Janeiro: Marques-Saraiva, 1990.

DESCARTES, R. **Discurso do método. As paixões da alma. Meditações. Objeções e respostas**. 5. ed. São Paulo: Nova Cultural, 1991. (Coleção Os Pensadores).

DONALDSON, L. Strategy and Structural Adjustment to Regain Fit and Performance: in Defence of Contingency Theory. **Journal of Management Studies**, v. 24, n. 1, 1987.

_____. Teoria da contingência estrutural. In: CLEGG, S. R.; HARDY, C.; NORD, W. R. (Org.). **Handbook de estudos organizacionais**: modelos de análise e novas questões em estudos organizacionais. São Paulo: Atlas, 1999. p. 105-136. v. 1.

_____. The Contingency Theory of Organizational Design: Challenges and Opportunities. In: BURTON, R. M. et al. **Organization Design**: the Evolving State-of the Art. New York: Springer Science & Business Media, 2006, p. 19-40.

DRUCKER, P. **The Practice of Management**. New York: Harper Collins, 2010.

FAYOL, J. H. **Administração industrial e geral**: previsão, organização, comando, coordenação, controle. 10. ed. São Paulo: Atlas, 1990.

FEIGENBAUM, A. V. **Controle da qualidade total**. São Paulo: M. Books, 1994. v. 4.

FERRO, J. R. Aprendendo com o "ohnoísmo" (produção flexível em massa): lições para o Brasil. **Revista de Administração de Empresas**, São Paulo, v. 30, n. 3, p. 57-68, jul./set. 1990. Disponível em: <http://www.scielo.br/pdf/rae/v30n3/v30n3a06.pdf>. Acesso em: 19 dez. 2018.

FORD, H. **Os princípios da prosperidade**. Rio de Janeiro: Livraria Freitas Bastos, 1964.

FORD celebra cem anos da primeira linha de montagem. **Estadão**, 8 out. 2013. Disponível em: <http://jornaldocarro.estadao.com.br/fanaticos/ford-celebra-cemanos-da-primeira-linha-de-montagem>. Acesso em: 19 dez. 2018.

FRAZÃO, D. **Charles Darwin**: naturalista inglês. Disponível em: <https://www.ebiografia.com/charles_darwin/>. Acesso em: 19 dez. 2018.

GEORGESCU-ROEGEN, N. **O decrescimento**: entropia, ecologia e economia. São Paulo: Senac, 2012.

GIANNOTTI, J. A. Comte: vida e obra. In: COMTE, A. **Curso de filosofia positiva. Discurso sobre o espírito positivo. Discurso preliminar sobre o conjunto do positivismo. Catecismo positivista.** São Paulo: Abril Cultural, 1991. (Coleção Os Pensadores). p. VII-XVI.

HALL, D. J., SAlAS, M. A. Strategy Follows Structure! **Strategic Management Journal**, n. 1, p. 149-163, 1980.

HANNAN, M. T.; FREEMAN, J. Setting the Record Straight on Organizational Ecology: Rebuttal to Young. **American Journal of Sociology**, v. 95, n. 2, p. 425-439, Sept. 1989.

_____. Structural Inertia and Organizational Change. **American Sociological Review**, v. 49, n. 2, p. 149-164, Apr. 1984.

HATCH, M. J.; CUNLIFFE, A. L. Organizational culture. In: HATCH, M. J.; CUNLIFFE, A. L. **Organization Theory**: Modern, Symbolic, and Postmodern Perspectives. 2. ed. New York: Oxford University Press, 2006. p. 175-219.

HERZBERG, F. Motivation-hygiene Profiles: Pinpointing what Ails the Organization. **Organizational Dynamics**, v. 3, n. 2, p. 18-29, 1974.

HOFSTEDE, G. Culture and Organizations. **International Studies of Management & Organization**, v. 10, n. 4, p. 15-41, 1981.

HOPPE, M. H. An Interview with Geert Hofstede. **Academy of Management Perspectives**, v. 18, n. 1, p. 75-79, 2004.

HUNSBERGER, W. S. Japanese Exports and the American Market. **Far Eastern Survey**, v. 26, n. 9, 1957.

IMAI, M. **Kaizen**: a estratégia para o sucesso competitivo. 6. ed. São Paulo: Imam, 2005.

KATZ, D.; KAHN, R. L. **Psicologia social das organizações**. São Paulo: Atlas, 1966.

KEYFITZ, N. **Kenneth Ewart Boulding**: 1910-1993 – a biographical memoir. Washington D.C.: Nacional Academies Press, 1996. Disponível em: <http://www.nasonline.org/publications/biographical-memoirs/memoir-pdfs/boulding-kenneth-e.pdf>. Acesso em: 19 dez. 2018.

KOTLER, P.; KELLER, K. L. **Administração de marketing**. 12. ed. São Paulo: Pearson Prentice Hall, 2006.

KRANTZ, J. A Biography of Eric Trist. **The Journal of Applied Behavioral Science**, v. 26, n. 2, p. VII-VIII, 1990.

LARA, L. G. A. O management e o desencontro hermenêutico. In: ENCONTRO DA ANPAD – ENANPAD, 61., 2017, São Paulo.

LARA, L. G. A. de; OLIVEIRA, S. A. de. A ideologia do crescimento econômico e o discurso empresarial do desenvolvimento sustentável. **Cadernos EBAPE.BR**, Rio de Janeiro, v. 15, n. 2, p. 326-348, jun. 2017. Disponível em: <http://www.scielo.br/pdf/cebape/v15n2/1679-3951-cebape-15-02-00326.pdf>. Acesso em: 19 dez. 2018.

LAWRENCE, P. R.; LORSCH, J. W. Differentiation and Integration in Complex Organizations. **Administrative Science Quarterly**, v. 12, n. 1, p.1-30, 1967.

LIMA, A. C. C.; CAVALCANTI, A. A.; PONTE, V. Da onda da gestão da qualidade a uma filosofia da qualidade da gestão: Balanced Scorecard promovendo mudanças. **Revista Contabilidade & Finanças**, São Paulo, v. 15, p. 79-94, 2004. Disponível em: <http://www.scielo.br/pdf/rcf/v15nspe/v15nspea06.pdf>. Acesso em: 19 dez. 2018.

MAGEE, D. **O segredo da Toyota**: como a Toyota se tornou a nº 1 – lições de liderança da maior fabricante de automóveis do mundo. Rio de Janeiro: Elsevier, 2008.

MARTINS, P. G.; LAUGENI, F. P. **Administração da produção**. 2. ed. rev., ampl. e atual. São Paulo: Saraiva, 2005.

MASLOW, A. A Theory of Human Motivation. **Psychological Review**, v. 50, n. 4, p. 370-396, 1943.

MAXIMIANO, A. C. A. **Teoria geral da administração**. São Paulo: Atlas, 2006.

_____. **Teoria geral da administração**: da escola científica à competitividade na economia globalizada. 2. ed. São Paulo: Atlas, 2000.

_____. **Teoria geral da administração**: da revolução urbana à revolução digital. 4. ed. São Paulo: Atlas, 2004.

MAYO, E. **The Human Problems of an Industrial Civilization**. London: Routledge, 2003. v. IV.

MCGREGOR, D. **O lado humano da empresa**. 3. ed. São Paulo: M. Fontes, 1999.

MELO JUNIOR, L. C. M. A teoria dos sistemas sociais em Niklas Luhmann. **Sociedade e Estado**, Brasília, v. 28, n. 3, p. 715-719, set./dez. 2013. Disponível em: <http://www.scielo.br/pdf/se/v28n3/a13v28n3.pdf>. Acesso em: 19 dez. 2018.

MINTZBERG, H. **Criando organizações eficazes**: estruturas em cinco configurações. São Paulo: Atlas, 1995.

MINTZBERG, H. et. al. **O processo da estratégia**: conceitos, contextos e casos selecionados. 4. ed. Porto Alegre: Bookman, 2006.

MINTZBERG, H.; AHLSTRAND, B.; LAMPEL, J. **Safári de estratégia**: um roteiro pela selva do planejamento estratégico. 2. ed. Porto Alegre: Bookman, 2010.

MOEN, R.; NORMAN, C. **Evolution of the PDCA Cycle.** 2006. Disponível em: <http://www.uoc.cw/financesite/images/stories/NA01_Moen_Norman_fullpaper.pdf>. Acesso em: 19 dez. 2018.

MORAES NETO, B. R. de. Fordismo e ohnoísmo: trabalho e tecnologia na produção em massa. **Estudos Econômicos,** São Paulo, v. 28, n. 2, p. 317-349, abr./jun. 1998. Disponível em: <http://www.revistas.usp.br/ee/article/view/117062/114678>. Acesso em: 19 dez. 2018.

MORGAN, G. **Imagens da organização.** São Paulo: Atlas, 1996.

MOTTA, F. C. P. A teoria geral dos sistemas na teoria das organizações. **Revista de Administração de Empresas,** v. 11, n. 1, p. 17-33, 1971. Disponível em: <http://www.scielo.br/pdf/rae/v11n1/v11n1a03.pdf>. Acesso em: 19 dez. 2018.

MOTTA, F. C. P.; VASCONCELOS, I. F. G. de. **Teoria geral da administração.** São Paulo: Pioneira Thomson Learning, 2002.

MOURA, R. A. **Kanban:** a simplicidade do controle da produção. 6. ed. São Paulo: Imam, 2003.

OHNO, T. **O sistema Toyota de produção:** além da produção em larga escala. Porto Alegre: Bookman, 1997.

OLIVEIRA, D. de P. R. **Sistemas, organização e métodos:** uma abordagem gerencial. 13. ed. rev. e ampl. São Paulo: Atlas, 2002.

PORTER, M. E. **Estratégia competitiva:** técnicas para análise de indústrias e da concorrência. 7. ed. Rio de Janeiro: Campus, 1986.

_____. How Competitive Forces Shape Strategy. **Harvard Business Review,** v. 57, n. 2, p. 137-145, Mar./Apr. 1979.

QUESNAY, F. Análise do quadro econômico. In: PETTY, W. S.; HUME, D.; QUESNAY, F. **Obras econômicas**. São Paulo: Abril Cultural, 1983. p. 245-343.

RODRIGUES, J. A. (Org.). **Durkheim**: sociologia. 9. ed. São Paulo: Ática, 1999.

SAINT-PIERRE, H. L. **Max Weber**: entre a paixão e a razão. 3. ed. Campinas: Ed. da Unicamp, 1999.

SCHEIN, E. **Organizational Culture and Leadership**. 2. ed. San Francisco: Jossey Bass Publications, 1989.

SCOTT, W. R. **Organizations**: Rational, Natural, and Open Systems. 5. ed. Prentice Hall: Pearson Education International, 2003.

SCOTT, W. R.; DAVIS, G. F. **Organizations and Organizing**: Rational, Natural, and Open System Perspectives. Upper Saddle River: Pearson Education, 2007.

SELZNICK, P. Foundations of the Theory of Organization. **American Sociological Review**, v. 13, n. 1, p. 25-35, Feb. 1948.

SHIBA, S.; GRAHAM, A.; WALDEN, D. **TQM**: quatro revoluções na gestão da qualidade. Porto Alegre: Artes Médicas, 1997.

SLACK, N.; CHAMBERS, S.; JOHNSTON, R. **Administração da produção**. 3. ed. São Paulo: Atlas, 2009.

SMITH, A. **A riqueza das nações**. Rio de Janeiro: Nova Fronteira, 2017.

STEVENSON, W. J. **Administração das operações de produção**. 6. ed. Rio de Janeiro: LTC, 2001.

TAYLOR, F. W. **Princípios de administração científica**. 8. ed. São Paulo: Atlas, 1990.

THOMPSON, J. **Organizations in Action**. New York: McGraw-Hill, 1967.

TOLBER, P.; ZUCKER, L. A institucionalização da teoria institucional. In: CLEGG, S. R.; HARDY, C.; NORD, W. R. (Org.). **Handbook de estudos organizacionais**: modelos de análise e novas questões em estudos organizacionais. São Paulo: Atlas, 1999. p. 196-219. v. 1.

TRIST, E. **The Evolution of Socio-Technical Systems**: a Conceptual Framework and an Action Research Program. Toronto: Ontario Quality of Working Life Centre, 1981.

VERNANT, J.-P. **As origens do pensamento grego**. 11. ed. Rio de Janeiro: Bertrand Brasil, 2000.

VIZEU, F. (Re)contando a velha história: reflexões sobre a gênese do management. **Revista de Administração Contemporânea**, Curitiba, v. 14, n. 5, p. 780-797, set./out. 2010. Disponível em: <http://www.scielo.br/pdf/rac/v14n5/v14n5a02>. Acesso em: 19 dez. 2018.

VIZEU, F.; GONÇALVES, S. A. **Pensamento estratégico**: origens, princípios e perspectivas. São Paulo: Atlas, 2010.

VON NEUMANN, J.; MORGENSTERN, O. **Theory of Games and Economic Behavior**. Nova Jersey: Princeton University Press, 1944.

WATERS, R. C. Reflections on Organizational Change and Contingency Theory. **Engineering Management International**, Amsterdam, v. 2, n. 2, p. 129-132, 1984.

WEBER, M. **A ética protestante e o espírito do capitalismo**. 2. ed. Brasília: Pioneira, 1981.

_____. **Economia e sociedade**: fundamentos da sociologia compreensiva. Brasília: Ed. da UnB, 1999. v. 2.

WECKOWICZ, T. E. **Ludwig von Bertalanffy (1901-1972)**: a Pioneer of General Systems Theory. Working Paper, Feb. 1989.

WIENER, N. **Cibernética e sociedade**: o uso humano de seres humanos. 2. ed. São Paulo: Cultrix, 1968.

WOMACK, J. P.; JONES, D. T.; ROOS, D. **A máquina que mudou o mundo**. 3. ed. Rio de Janeiro: Campus, 1992.

WOODWARD, J. **Industrial Organization**: Theory and Practice. London: Oxford University, 1965.

Respostas

Capítulo 1

Estudo de caso

Comentários

- Olhar cartesiano.
- Problemas vistos como independentes uns dos outros.
- Por que o resultado da empresa caiu? Que fatores podem ter impactado?
- Desperdícios no Departamento de Nutrição e Dietética – funcionários não treinados geravam desperdícios.
- Absenteísmo de funcionários do refeitório.
- Fluxo ineficiente no Pronto Atendimento.
- Reclamações de pacientes não atendidos.
- Queda na procura pelo hospital.

Questões para revisão

1. Bertalanffy despertou o campo para o efeito sinérgico obtido pela interação sistêmica e para a importância do ambiente externo composto por outros sistemas que interagem com as organizações. Boulding identificou níveis analíticos que nos permitem examinar os sistemas organizacionais desde a dinâmica de interações internas, como se fossem sistemas fechados, até níveis mais altos, como as interações simbólicas presentes no ambiente externo, observadas em sistemas abertos.

2. São muitos os sistemas com que uma pessoa interage diariamente. Os mais comuns são os sistemas sociais das empresas, os sistemas de informação e as redes sociais.

3. Alternativa **b**.

a) A teoria geral dos sistemas foi proposta por Bertalanffy e tinha por objetivo melhorar o desempenho das organizações.

Errado: Bertalanffy não teorizou exclusivamente no campo da administração. Sua teoria foi uma crítica à ciência clássica como um todo, e a administração importou seus conceitos para melhor teorizar sobre as organizações e suas interações sistêmicas.

b) Na teoria geral dos sistemas, Bertalanffy questionava o cartesianismo científico de sua época.

Correto: Questionando os cientistas de seu tempo, Bertalanffy acreditava que, ao se isolarem variáveis de seu contexto para analisar as partes separadamente, incorria-se no erro de negligenciar o papel do contexto no fenômeno estudado.

c) Contemporaneamente, as empresas são mais bem explicadas como sistemas fechados.

Errado: Desde a década de 1950, o consenso entre teóricos das organizações é que elas são mais bem representadas por esquemas analíticos que presumem seu funcionamento como sistemas abertos.

d) Os sistemas abertos não existem no mundo real, pois a maioria dos sistemas com que temos contato no dia a dia se configuram como sistemas fechados.

Errado: Os sistemas fechados são esquemas analíticos abstratos que dificilmente são encontrados no dia a dia, pois a maioria dos sistemas com os quais temos contato fazem trocas de recursos com o ambiente no qual estão inseridos.

4. Alternativa **b**.

(**F**) Bertalanffy era um autor comprometido com a lógica produtiva das indústrias.

Comentário: Bertalanffy teorizou sobre sistemas, mas não sobre gestão industrial.

(**V**) A teoria geral dos sistemas foi elaborada por um biólogo, e suas contribuições foram extensivas a outros campos da ciência.

Comentário: Apesar de essa teoria fazer referência a elementos da biologia, suas contribuições transcenderam o campo e permitiram importantes avanços à ciência como um todo.

(**V**) A Escola Clássica da Administração compreendia a organização como análoga a um sistema fechado.

Comentário: Taylor e Fayol teorizaram a organização sob o ponto de vista de seu funcionamento interno, ou seja, presumindo uma lógica de sistema fechado.

(**F**) Henry Ford foi pioneiro na estruturação de sua indústria, reconhecendo-a como um sistema aberto.

Comentário: Ford foi reconhecidamente um gestor de mentalidade mecanicista e preocupava-se com o refinamento da máquina produtiva por meio da perfeita sincronia de sua linha de montagem.

5. Alternativa **a**.

a) A compreensão das organizações como sistemas fechados revelou-se limitante em face da complexidade dos fenômenos contextuais que as envolvem.

Correto: As interações com os mercados evidenciaram que compreender uma organização exclusivamente a partir de seu funcionamento interno significava ignorar as forças dos sistemas externos que influenciavam suas atividades produtivas.

b) Bertalanffy fora duramente criticado por seus pares, pois, para eles, a teoria dos sistemas não poderia ser importada da administração para a biologia.

Errado: Essa teoria foi desenvolvida no âmbito do campo da biologia. Seus princípios foram importados por outros campos do saber, inclusive pela administração.

c) A maior contribuição da teoria geral dos sistemas foi fornecer um aparato metodológico capaz de isolar as variáveis de um fenômeno, permitindo a mensuração de seus impactos sem a interferência do meio em que se encontram.

Errado: Uma das contribuições mais importantes dessa teoria é justamente permitir a análise de um fenômeno a partir do contexto em que ele ocorre.

d) A administração científica é devedora de Bertalanffy, pois sem os conceitos da teoria geral dos sistemas Henry Ford não teria teorizado sobre a importância dos tempos e movimentos na interação entre homem e máquina.

Errado: Foi Frederick Taylor quem se dedicou ao estudo dos tempos e movimentos para a obtenção de eficiência na relação entre homem e máquina.

Capítulo 2

Estudo de caso

Comentários

- Resgatar a ênfase dada ao fluxo interno e à estrutura.
- Foco limitado em algumas variáveis internas e tratadas de forma independente.
- Desconsideração das interações com o ambiente.

Questões para revisão

1. As empresas comumente são subdivididas em áreas, setores ou departamentos. Podemos tomar cada uma dessas partes como elementos de um sistema fechado. Cada elemento interage em maior ou menor grau, cumprindo sua função no funcionamento sistêmico da máquina produtiva. O produto de suas interações supera a soma de seus esforços individuais, ou seja, os objetivos conquistados somente podem ser explicados pelo efeito sistêmico, e não pela ação de cada setor de forma independente.

2. Ainda que setores e departamentos sejam elementos análogos às engrenagens de uma máquina que funciona sincronicamente, o funcionamento da organização não está isolado do contexto em que ela está inserida. Por exemplo, um setor de compras não existe sem a interação com o ambiente externo em que operam os fornecedores. Da mesma forma, o departamento financeiro está sujeito ao funcionamento do sistema financeiro em virtude da utilização da rede bancária. Então, analisar uma organização sob o ponto de vista de suas operações internas pode ser uma perspectiva limitada, uma vez que seu perfeito funcionamento interno se dá em interação com os sistemas externos.

3. Alternativa **c**.

a) Uma organização se configura como um sistema fechado em razão das interações com fornecedores, das reações às estratégias dos concorrentes e da venda de produtos ao mercado consumidor.

Errado: Fornecedores, concorrentes e mercados consumidores são sistemas externos à organização; portanto, nesse nível de análise, há que se considerar a empresa como um sistema aberto.

b) A burocracia foi um modelo de gestão idealizado por Max Weber com vistas a melhorar o desempenho das indústrias no final do século XIX.

Errado: Max Weber não prescreveu um modelo burocrático. Pelo contrário, ele se dedicou a descrever as formas racionalizadas pelas quais a sociedade moderna se estruturou. Tampouco esteve preocupado em proporcionar melhor desempenho às indústrias, pois suas análises foram sobre a burocracia do Estado moderno.

c) Frederick Taylor e Henry Fayol são representantes de um pensamento mecanicista, pois elaboraram princípios universalizáveis de gestão que presumiam a possibilidade de prever os resultados.

Correto: Os autores prescreveram princípios que, segundo eles, garantiriam bons resultados a qualquer indústria.

d) Uma estrutura burocrática apresenta ganhos de produtividade em virtude da capacidade de rápido ajuste da máquina produtiva em face das contingências.

Errado: As estruturas burocráticas tendem a ser lentas em razão do alto grau de padronização e de formalização das tarefas. Apesar de em alguns casos representarem possibilidade de ganhos de produtividade, a causa de sua efetividade não reside em sua capacidade adaptativa.

4. Alternativa **c**.

(**F**) A ciência clássica é considerada cartesiana pelo fato de observar os fenômenos da realidade considerando o contexto em que ocorrem.

Comentário: A ciência clássica isola os fenômenos de seus contextos para estabelecer relações de causa e efeito entre poucas variáveis.

(**V**) Uma estrutura burocrática é caracterizada pela racionalização dos processos e pela consequente especialização do trabalho.

Comentário: As estruturas burocráticas apresentam alto nível de padronização.

(**V**) Considerar uma organização como um sistema fechado é fazer uso de um esquema analítico que isola os elementos interativos de seu contexto externo.

Comentário: As organizações podem ser analisadas como sistemas fechados quando a intenção é compreender a lógica de interação de seus elementos internos.

(**V**) Ludwig von Bertalanffy caracteriza os sistemas fechados como aqueles que não realizam trocas de recursos com o ambiente externo ao sistema.

Comentário: Na teoria geral dos sistemas (TGS), os sistemas fechados são concebidos como aqueles que não fazem trocas de recursos com o ambiente externo.

5. Alternativa **b**.

a) Ludwig von Bertalanffy e Kenneth Boulding são considerados teóricos da Escola Clássica da Administração por terem teorizado sobre sistemas fechados.

Errado: Os principais teóricos da Escola Clássica da Administração são: Frederick Taylor, Henry Fayol e Henry Ford. Bertalanffy era biólogo, e Boulding, economista.

b) A administração clássica tem caráter prescritivo por presumir princípios de gestão universais.

Correto: Os teóricos da Escola Clássica estavam convencidos de que tinham encontrado princípios de administração aplicáveis a quaisquer contextos.

c) Um sistema fechado apresenta um funcionamento previsível em virtude da previsibilidade do comportamento de suas interações com sistemas externos à sua estrutura.

Errado: Sistemas fechados não fazem trocas de recursos com sistemas externos.

d) Na obra *Teoria da burocracia: princípios e fundamentos*, Weber propôs os princípios de administração que influenciam o pensamento da gestão até os dias atuais.

Errado: Weber não propôs princípios, e sim descreveu o funcionamento das burocracias que estruturavam a sociedade moderna. Seu objeto de estudo foi o Estado.

Capítulo 3

Estudo de caso

Comentários

- Resgatar a ideia de organizações como sistemas abertos e a importância desse olhar externo.
- Embora o hospital tenha apresentado uma evolução em relação ao problema inicial e tivesse notado a importância do olhar multissetorial para sanar falhas no sistema, percebeu-se que os problemas eram mais amplos e que mais variáveis estavam impactando o problema central.
- Observação da concorrência.
- Percepção da crise econômica.
- Elementos do ambiente em que se insere, impactando os resultados.

Questões para revisão

1. Uma organização é capaz de reproduzir e manter um fluxo contínuo de matéria e de energia em seu funcionamento, importando matérias e energia, processando-as e fornecendo saídas ao ambiente. Por exemplo, uma indústria importa matéria-prima do ambiente através da interação com fornecedores, processa-a empreendendo transformações com a interação entre matéria e energia e, como saídas, fornece produtos acabados aos consumidores. Assim como as células, as empresas apresentam estruturas bem definidas, funções internas, integrações e diferenciações, abrangendo sistemas mais complexos, como o mercado.

2. É comum que em um ramo de negócio existam organizações que apresentem diferenças estruturais e de posse de recursos, mas que conseguem atingir níveis de estabilidade sistêmica. Isso mostra que, mesmo sendo estruturalmente diferentes, elas podem atingir resultados equivalentes, evidenciando que não existe apenas uma forma de atuação possível em tal ramo de negócio.

3. Alternativa **d**.

a) A entropia negativa se refere à manutenção da estabilidade.

Errado: A entropia se refere à ação para evitar a destruição do sistema.

b) A homeostase diz respeito ao princípio de exportação de energia.

Errado: A homeostase diz respeito à tendência à estabilidade do sistema.

c) A diferenciação é o princípio que se refere à ação para a destruição do sistema.

Errado: A diferenciação está relacionada com a ampliação e o desenvolvimento de novas funções.

d) A equifinalidade presume a possibilidade de atingir um estado estável a partir de distintas condições iniciais.

Correto: Diferentes estruturas e diferentes sistemas podem atuar e obter resultados equivalentes num mesmo ambiente.

4. Alternativa **a**.

(**F**) Sistemas abertos presumem o funcionamento de organizações, independentemente de seus ambientes externos.

Comentário: Sistemas abertos presumem a interação com os sistemas do ambiente externo.

(**V**) A equifinalidade justifica por que organizações com diferentes recursos e estruturas, atuando no mesmo ambiente, podem obter resultados equivalentes.

Comentário: Existem diferentes meios de atuar num mesmo macrossistema.

(**F**) Os níveis de análise 1, 2 e 3 de Boulding (1956) referem-se a sistemas abertos.

Comentário: Os três primeiros níveis são esquemas analíticos para a compreensão de sistemas fechados.

(**V**) Entropia negativa, equifinalidade, homeostase e diferenciação são conceitos da biologia que foram importados para compreender melhor as organizações como seres vivos.

Comentário: Os conceitos da biologia que inspiraram Bertalanffy (2010) ajudam a compreender as organizações como análogas a organismos vivos.

5. Alternativa **b**.

a) A metáfora do ser vivo de Morgan representa uma organização que opera com robustez sem interação com o ambiente.

Errado: O ser vivo interage com os sistemas externos (exemplos: células, animais etc).

b) As empresas podem ser consideradas como sistemas abertos, uma vez que importam recursos do ambiente, processam-nos e oferecem produtos e serviços como saídas.

Correto: Assim como proposto por Katz e Kahn (1966), as organizações operam como se fossem ciclos de entradas, processamentos e saídas.

c) A retroalimentação representa o vício de um sistema que, de forma engessada, não permite alterações em seus fluxos anômalos.

Errado: Feedback ou retroalimentação é a coleta de informações durante o processo para corrigir disfunções.

d) O enfoque organísmico presume o homem como uma engrenagem produtiva.

Errado: O enfoque organísmico adota uma visão holística na qual o homem é um elemento integrado ao sistema social e, portanto, está para além de uma engrenagem funcional da produção.

Capitulo 4

Estudo de caso

Comentários

- Resgatar as teorias das organizações sob o enfoque sistêmico: teoria contingencial; teoria da ecologia populacional; teoria sociotécnica.
- Retomar um importante princípio dos sistemas abertos: a equifinalidade. Várias teorias podem embasar uma solução possível no contexto trabalhado no "Estudo de caso", dado que diferentes inícios e meios podem gerar finais iguais. Cabe a você defender a abordagem que considera mais adequada.

- Quanto às dimensões dos sistemas sociotécnicos, é importante resgatar as ideias dos subsistemas técnicos e sociais (função e componentes).

Questões para revisão

1. A interação com o ambiente externo: uma organização existe em função das trocas de recursos que realiza com o ambiente; o princípio da equifinalidade: não existe uma estrutura universalizável para a obtenção de bons resultados, ou seja, diferentes configurações e adaptações estruturais podem ser bem-sucedidas, a depender do ambiente em que estão inseridas.

2. A partir do quarto nível, ou do nível análogo ao funcionamento de uma célula.

3. Alternativa **c**.

a) A teoria das organizações possibilitou o surgimento do pensamento sistêmico na medida em que a administração clássica se constituiu como um campo consolidado na ciência.

Errado: O pensamento sistêmico inspirado na teoria geral dos sistemas surgiu após a Escola Clássica da Administração.

b) Desde sua gênese, na administração clássica, o pensamento sistêmico influenciou o campo de estudos organizacionais quanto à compreensão das organizações como sistemas abertos e integrados.

Errado: A administração clássica tinha uma concepção de organização que a equiparava a um sistema fechado.

c) Os desencadeamentos da teoria geral dos sistemas na ciência chegaram ao campo da administração com o reconhecimento da influência do ambiente externo no funcionamento interno das organizações.

Correto: Com as repercussões dessa teoria na esfera científica, o campo da administração se voltou para o estudo da influência do ambiente nas estruturas organizacionais.

d) O determinismo ambiental presumido pela ecologia populacional é uma referência clara de que os sistemas fechados são produtos do meio em que nascem.

Errado: A ecologia populacional presume a interação entre sistemas abertos, o que leva à formação de nichos e comunidades organizacionais.

4. Alternativa **a**.

(**V**) Eric Trist e Ken Bamforth são nomes importantes no estudo dos sistemas socioténicos.

Comentário: Eric Trist e Ken Bamforth estudaram o caso das minas de carvão na Inglaterra, o que abriu caminho para se explorar a busca do equilíbrio entre os aspectos técnicos e sociais (Morgan, 1996).

(**F**) O sistema sociotécnico é pautado na ideia de sistemas fechados.

Comentário: O sistema sociotécnico se pauta na ideia de sistemas abertos.

(**V**) O sistema sociotécnico parte do princípio de que deve haver equilíbrio e relação entre as partes que o compõem, como os subsistemas técnico e social.

Comentário: O modelo de Tavistock buscou demonstrar que uma organização eficiente demanda considerações referentes não só às implicações sociais do ambiente, mas também aos aspectos técnicos (Motta; Vasconcelos, 2002).

(**F**) Os grupos autônomos de trabalho, identificados no estudo da indústria têxtil indiana em Ahmedabad por A. K. Rice, atuam sob os mesmos princípios do pensamento burocrático.

Comentário: O Instituto de Tavistock realizou pesquisas em uma indústria têxtil indiana em Ahmedabad. Foi A. K. Rice, em 1953, quem visitou a tecelagem, momento em que observou uma mudança estrutural nos galpões automáticos da empresa, com o estabelecimento de grupos autônomos de trabalho que contribuíram com excelentes resultados organizacionais (Trist, 1981). Tais grupos atuavam com base no conceito de autorregulação advindo da cibernética, sendo que, quanto mais controle detinham sobre os elementos, maiores eram sua satisfação e o nível de resultados atingidos. Diferentemente do pensamento burocrático, de acordo com o qual deve haver um supervisor externo que controla as atividades, nos grupos autônomos os próprios membros gerenciam o trabalho. Por isso, esse modelo se configura como um sistema de aprendizagem. Em tais grupos, a ideia de autonomia e controle confere aos integrantes uma capacidade cada vez mais aprimorada de lidar com situações adversas.

(**F**) Nos sistemas sociotécnicos, o homem é visto como um mero aparato da máquina.

Comentário: Diferentemente do pensamento clássico da administração científica, segundo o qual o homem era um mero aparato da grande máquina representada pela organização, no sistema sociotécnico homem e máquina coexistem e se complementam (Trist, 1981).

5. Alternativa **b**.

a) A teoria contingencial presume o determinismo ambiental sem que haja capacidade de ajuste estrutural tempestivo para garantir a adaptação ao meio.

Errado: A teoria contingencial presume a capacidade adaptativa às contingências ambientais.

b) A teoria da ecologia populacional presume que o ambiente determina as melhores formas estruturais, cabendo ao bom gestor fazer a correta adaptação e, assim, garantir a sobrevivência no meio em que se encontra.

Correto: Inspirada nas teorias ancoradas na seleção natural da biologia, a ecologia populacional presume o determinismo ambiental na seleção natural das estruturas que sobrevivem e das que desaparecem do ambiente.

c) A abordagem sociotécnica visa promover o ajuste ideal entre homem e máquina, presumindo os fundamentos ergonômicos da administração científica e o ajuste estrutural do sistema produtivo teorizado por Lex Donaldson.

Errado: A abordagem sociotécnica não dialoga com o modelo SARFIT de Donaldson.

d) A teoria da ecologia populacional é integradora e resolve a dicotomia entre a capacidade de agência da abordagem contingencial e a integração sociotécnica.

Errado: A teoria da ecologia populacional presume o determinismo ambiental na seleção das melhores estruturas organizacionais.

Capítulo 5

Estudo de caso

Comentários

- Resgatar a ideia do ciclo PODC (planejamento, organização, direção e controle): etapas processuais e contínuas do cotidiano organizacional – atividades interagem formando um ciclo ou um nível de sistema fechado.
- Autonomia dos trabalhadores para tomar decisões no processo, com vistas a uma melhor qualidade de atendimento.
- Acionamento do profissional conforme demanda – resgatar ideia do modelo *just in time* (JIT).

Questões para revisão

1. São muitas as possibilidades de resposta. Entretanto, os sistemas de gestão informatizados são os mais comuns. A maioria deles promove a integração intersetorial e alguns deles, até mesmo, a integração com fornecedores. Além disso, os fluxos produtivos das empresas carregam, em maior ou menor grau, os princípios de eficiência da produção enxuta e de gestão da qualidade.

2. A maioria das organizações utiliza sistemas informatizados e conectados à rede mundial de computadores, a internet. Portanto, sistemas de comunicação *on-line* com outras organizações em relação de interdependência são possibilidades de exemplos de interações com sistemas externos ao ambiente operacional.

3. Alternativa **d**.

a) O ciclo PODC (planejamento, organização, direção e controle) é um modelo de sistema aberto, uma vez que cada etapa ocorre de forma independente das demais.

Errado: As etapas de planejamento, organização, direção e controle ocorrem de forma interativa, como um sistema fechado.

b) O ciclo PDCA (*plan, do, check* e *act*) é uma ferramenta de gestão do fluxo de produção operado por cartões coloridos conhecidos como *kaisen*.

Errado: O ciclo PDCA não se refere ao sistema kaisen. O sistema de cartões mencionado recebeu o nome de kanban.

c) O modelo *just in case* (JIC) é um modo de produção integrada inspirado em sistemas abertos.

Errado: A lógica de produção JIC não apresenta pressupostos de sistemas abertos, além de comumente revelar disfunções e gargalos que sugerem desajuste sistêmico interno.

d) O modelo *just in time* (JIT) promove a integração da cadeia de produção a partir de uma perspectiva sistêmica aberta.

Correto: A lógica de produção JIT, ou de produção puxada, presume integração com clientes e fornecedores, produzindo-se somente o necessário, com o mínimo de estocagem para não haver interrupção da produção.

4. Alternativa **b**.

(**V**) As ferramentas de gestão da qualidade total foram inspiradas em esquemas analíticos de sistemas híbridos.

Comentário: As ferramentas de gestão da qualidade são capazes de analisar a lógica produtiva, tanto sob o ponto de vista de seu funcionamento interno quanto pela compreensão das forças externas, como as necessidades dos consumidores.

(**F**) O ciclo PODC foi elaborado por Henry Fayol como síntese das funções administrativas descritas na obra *Administração industrial e geral*.

Comentário: O ciclo PODC foi inspirado nas funções administrativas descritas por Fayol, mas foi popularizado por Peter Drucker e seus leitores.

(**F**) O modelo JIT tem a lógica de um sistema fechado, uma vez que permite a previsibilidade das demandas do mercado e o ajustamento sincrônico da máquina produtiva.

Comentário: O sistema de produção JIT presume o perfeito ajuste dos sistemas internos aos sistemas externos, como mercado de clientes e fornecedores.

(**V**) No modelo de produção JIC, comumente ocorre acúmulo de produtos inacabados em gargalos nas linhas de produção.

Comentário: O acúmulo de estoques e produtos inacabados é uma das disfunções mais documentadas na literatura da gestão sobre a lógica do JIC.

5. Alternativa **b**.

a) Os relatórios gerenciais dos sistemas de gestão informatizados substituíram o olhar sistêmico do gestor na tomada de decisão.

Errado: Relatórios não substituem a análise de um gestor. Apesar de cruzarem dados, por si sós não promovem visão sistêmica.

b) Ainda que uma organização se caracterize como um sistema aberto, a depender do problema, pode ser conveniente utilizar esquemas analíticos de sistemas fechados para analisar o funcionamento do subsistema que apresente disfunção.

Correto: Os níveis analíticos que presumem sistemas fechados podem ser úteis para a análise de interações sistêmicas sob o ponto de vista de seu funcionamento interno.

c) O modelo de gestão fordista superou o modelo toyotista por conseguir maior eficiência e efetividade na linha de montagem.

Errado: Foi o modelo toyotista que superou o modelo fordista de produção, por ter mais flexibilidade e produzir automóveis com maior aderência às necessidades emergentes do mercado consumidor.

d) A inspeção da conformidade da qualidade dos produtos finais revela o olhar sistêmico na administração industrial, pois não se desperdiçam recursos com inspeções ao longo do processo.

Errado: O descarte de produtos em desconformidade apenas no final do processo produtivo revela a desintegração da lógica produtiva e, portanto, diferencia-se de uma visão sistêmica.

Capítulo 6

Estudo de caso

Comentários

- Resgatar a ideia de estratégia como planejamento, ação e interpretação e, então, explicar qual perspectiva estratégica foi utilizada no hospital.

- Considerar mudanças e adaptações – lembrar que o ambiente é dinâmico e que a ação estratégica deve ser contínua, a fim de que a empresa possa se adaptar ao ambiente de acordo com sua condição atual.

Questões para revisão

1. Os elementos identificados pela análise SWOT dependem da organização e do contexto em que ela está inserida. Vejamos um exemplo:

Forças: qualidades internas que tornam a organização distinta dos concorrentes, como conhecimento dos funcionários, capital, tecnologia e domínio de processos produtivos.

Fraquezas: pontos deficitários da organização, como lentidão, baixa qualificação dos funcionários e instabilidade financeira.

Oportunidades: situações e mudanças ambientais que podem ser exploradas positivamente pela organização, como mudanças culturais, estabilidade econômica e surgimento de novas tecnologias produtivas.

Ameaças: fatores que não estão sob o domínio da organização e que ameaçam seu funcionamento, como concorrência, inflação, recessão e instabilidade política.

2. As forças competitivas podem ser exemplificadas de muitas formas, a depender do contexto da organização analisada. Entretanto, a análise deverá estar ancorada na identificação

das forças decorrentes de: concorrência; produtos substitutos; novos entrantes; barganha dos fornecedores; e barganha dos clientes.

3. Alternativa **c**.

a) O pensamento prescritivo presume que fazer estratégia é adotar ações contingenciais no dia a dia para a garantia do alcance dos objetivos organizacionais.

Errado: O pensamento prescritivo traça rotas de ações para o futuro.

b) O pensamento estratégico assume que as decisões devem ocorrer com base em aspectos emocionais que condicionam a ação do estrategista.

Errado: O pensamento estratégico não se resume apenas aos aspectos emocionais que condicionam a ação do estrategista.

c) A estratégia pode ser a base valorativa que ampara as decisões de uma empresa notável a partir de sua trajetória histórica.

Correto: A estratégia pode ser uma perspectiva, uma visão de mundo que coloca a organização em vantagem em relação aos concorrentes, por ser mais visionária, ter uma cultura forte etc.

d) As forças competitivas de Porter estão relacionadas ao ambiente interno da empresa, tais como tecnologia produtiva e potencial humano.

Errado: As forças competitivas de Porter se referem ao ambiente externo: concorrência, fornecedores, novos entrantes, produtos substitutos e clientes.

4. Alternativa **d**.

(**F**) As fraquezas correspondem àquilo que é externo à empresa.

Comentário: Referem-se aos atributos do ambiente interno.

(**V**) As forças também abrangem aquilo que a empresa sabe fazer de forma competente.

Comentário: Como as forças são relacionadas às competências internas, a assertiva é verdadeira.

(**F**) Riscos de acidente de trabalho representam uma ameaça.

Comentário: Esses riscos são inerentes ao ambiente interno da organização.

(**V**) O aquecimento econômico do país pode representar uma oportunidade para a empresa.

Comentário: Aspectos como aquecimento econômico dizem respeito ao ambiente externo e, portanto, podem representar oportunidades.

5. Alternativa **a**.

a) A estratégia de uma empresa pode ser sua cultura organizacional forte.

Correto: A estratégia de uma empresa pode ser sua cultura forte, que proporciona o engajamento da equipe em torno dos mesmos objetivos e orientados pelos mesmos valores.

b) A ação estratégica consiste somente em se antecipar às mudanças do ambiente.

Errado: Ações estratégicas não se resumem a antecipar-se, mas podem ser também uma reação efetiva a partir de uma leitura do contexto em que se encontra a organização.

c) O pensamento prescritivo presume que fazer estratégia é essencialmente um processo reativo e contingencial.

Errado: O pensamento prescritivo presume que uma ação estratégica é um plano para o futuro, e ações emergentes podem representar ameaças a esse plano.

d) Um planejamento estratégico consiste em mapear todas as decisões já tomadas pela empresa.

Errado: O planejamento estratégico se refere às ações que deverão ser executadas para o atingimento de objetivos. Trata-se de uma projeção para o futuro, e não essencialmente de uma análise do passado.

Sobre os autores

Luiz Gustavo Alves de Lara é graduado em Administração pela Universidade Estadual do Centro-Oeste (Unicentro), pós-graduado em Administração de Empresas pela Fundação Getulio Vargas (Isae-FGV) e MBA em Recursos Humanos pela Faculdade de Tecnologia Internacional (Fatec Internacional – Grupo Uninter). É mestre em Administração pela Universidade Positivo (UP) e doutorando em Administração pela mesma instituição. Atualmente, tem se dedicado à pesquisa (estudos críticos e teoria crítica em administração).

Flavia Fryszman é graduada em Administração pela Escola de Negócios da Universidade Positivo (UP) e em Nutrição pela Universidade Federal do Paraná (UFPR). É mestra em Administração pela UP, na linha de Estratégia, Inovação e Empreendedorismo, e integrante dos grupos de pesquisa Inovação e Sustentabilidade e Gestão da Inovação do Programa de Mestrado e Doutorado em Administração (PMDA) da UP.

Os papéis utilizados neste livro, certificados por instituições ambientais competentes, são recicláveis, provenientes de fontes renováveis e, portanto, um meio **respons**ável e natural de informação e conhecimento.

Impressão: Reproset
Outubro/2022